POSTAKTIVISMUS

PHILLIP MAIWALD

POSTAKTIVISMUS

Die Stille im Inneren der Krise

BÜCHNER-VERLAG
Wissenschaft und Kultur

Für Nadin, Loïs & Liseli

ISBN (Print) 978-3-96317-345-5
ISBN (ePDF) 978-3-96317-902-0

Bildnachweis Cover: Jakob Piest
Bildnachweis Buchklappe: Harlekin, Masques et bouffons, Maurice Sand, um 1860
(https://de.wikipedia.org/wiki/Datei:SAND_Maurice_Masques_et_bouffons_01.jpg)
Autorenfoto: Nadin Tettschlag

Satz und Umschlaggestaltung: DeinSatz Marburg | jg

Druck und Bindung: Rudolph Druck OHG, Schweinfurt

Printed in Germany

Nachhaltig gedruckt auf 100% Recyclingpapier, zertifiziert mit dem Blauen Engel.

Bibliografische Informationen der Deutschen Nationalbibliothek

Die Deutsche Nationalbibliothek verzeichnet diese Publikation in der Deutschen Nationalbibliografie, detaillierte bibliografische Angaben sind im Internet über http://dnb.de abrufbar.

www.buechner-verlag.de

Inhalt

Einführung 7

Erster Teil: Was ist Postaktivismus? 15

Postaktivismus und Kompost 15

Báyò Akómoláfé und Donna Haraway 16

Eine neue Zeit hat begonnen 20

Mein Postaktivismus 28

Die Überwindung des bürgerlichen Aktivismus 34

Zweiter Teil: Lineares Verstehen und intuitives Begreifen 39

Der wissenschaftliche Blick 39

Deep Adaptation 43

Die spirituelle Sicht auf den Klimawandel 47

Geschichten erzählen 51

Dritter Teil: Einige Fragen des Postaktivismus 55

Ziviler Ungehorsam 56

Dogmatischer, moralischer und strategischer Pazifismus 60

Demokratie und Gewalt 65

Cancel Culture und Kulturelle Aneignung 67

Preppen – Von der Sorge zur Vorsorge 70

Vierter Teil: Angst, Tod und Kunst 73

Angst und Tod 75

Postaktivismus und Soziale Plastik 78

Fünfter Teil: Einige Beispiele praktischer Anwendbarkeit von Postaktivismus 83

Postaktivismus im Privaten 83

Postaktivismus in der Öffentlichkeit 94

Sechster Teil: Eine revolutionäre Bewegung 99

Endnoten 113

Literaturverzeichnis 121

Einführung

Im Keller meines Elternhauses steht, solange ich denken kann, ein kleiner, roter Werkzeugkasten. Es ist der Werkzeugkasten meiner Mutter, den sie als junge Frau im berühmten Jahre 1968 während ihrer Ausbildung von einer anderen Auszubildenden übernommen hatte. Rund um den roten Kasten steht in großen, schwarzen, etwas verblichenen, aber noch klar lesbaren Buchstaben mit Serifen der gute alte Spruch »Nobody is perfect«. Dieser Spruch hat mich in Zusammenhang mit dem Werkzeugkasten schon immer auf angenehme Weise irritiert. Oben auf dem Kasten sind noch einige stilisierte Blumen aufgemalt. Bezogen auf den Aktivismus unserer Tage, denke ich, dass uns dieser alte Werkzeugkasten samt philosophischem Motto als Inspiration für Veränderung erst einmal ausreichen könnte. Uns einzugestehen, dass wir mit unseren herkömmlichen Werkzeugen und unserem gewohnten Denken einer komplexen Krise epochalen Ausmaßes nicht beikommen können, ist dabei eine wichtige Einsicht und ein erster, grundlegender Schritt. Was den Inhalt des Kastens angeht, denke ich, dass wir heute viel subtilere Werkzeuge brauchen als in der Vergangenheit, um persönlich, aber auch kollektiv eine Perspektive entwickeln zu können, die uns im Angesicht der Klimakrise tatsächlich durchatmen lässt. Eine Idee davon zu entwickeln, welche Werkzeuge wir zukünftig brauchen könnten, um die nötige Resilienz zu entwickeln, um überhaupt handlungsfähig zu werden, ist Postaktivismus. In diesem Text versuche ich, einige erste Werkzeuge zu beschreiben, die mir selbst gute Dienste geleistet haben und die ich heute nicht mehr missen möchte.

Das Hauptproblem unseres Umgangs mit dem Themenkomplex Klimawandel ist – wie sollte es anders sein – unser Denken. Das Problem ist die Geschichte, in der wir im globalen Norden leben und innerhalb derer wir uns immer wieder dieselben Dinge erzählen und erzählen lassen. Uns wird immer weiter das alte Märchen vom ewigen Wachstum, vom Wohlstand für alle und vom technischen Fortschritt erzählt – und wir erzählen diese Geschichte weiter. Wir leben in dieser Geschichte. Dabei war dies noch nie eine tolle Geschichte; sie hat hauptsächlich dazu geführt, dass einige wenige Menschen und Länder sehr reich wurden, während andere Länder und Lebewesen rücksichtslos geplündert und umgebracht wurden. Es ist die Geschichte der Separation, der Kolonisation und des Kapitalismus – das wollen wir doch eigentlich alles loswerden. Es ist auch eher die Geschichte des Mannes als die der Frau, wenn man das Thema aus einer gendergerechten Perspektive betrachten möchte. Das Problem, etwas gegen die ökologische Krise zu unternehmen, besteht unter anderem darin, dass wir mit unserem Denken stets innerhalb dieser bestehenden Logik von Wachstum und Fortschritt im materiellen, rationalen Sinne verharren. Deshalb erscheint uns das Problem, die Klimakrise anzugehen, auch so unendlich kompliziert. Es ist ohne Frage kompliziert, diese Krise innerhalb des bestehenden Systems zu verändern, welches in seiner Komplexität selbst kaum überschaubar ist. Wir können nicht all unsere Annehmlichkeiten, unsere Wirtschaftsweise und unseren Lebensstandard beibehalten und gleichzeitig die Welt retten. Wenn wir uns aber auf einen ganz grundlegenden Wandel unserer Kultur einlassen, wenn wir uns einen völlig anderen Blick auf unsere Kultur erlauben, wenn wir beginnen, uns andere Geschichten zu erzählen, werden die Veränderungen, derer es bedarf, sehr viel klarer. Wir werden die ökologischen Probleme niemals innerhalb unseres bestehenden Systems lösen. Wenn wir uns aber auf unseren gesunden Menschenverstand verlassen und die Dinge des Zusammenlebens auf unserem Planeten grundlegend anders denken, können wir einen holprigen Neustart hinbekommen. Und dabei glaube ich nicht, dass wir die Grundsätze unserer freien Gesellschaft oder die Rechtsstaatlichkeit unserer Demokratie verlassen müssen. Vielleicht müssen wir den

Verfassungen der Länder lediglich ambitionierte grundlegende Rechte für kommende Generationen, für die Tier- und Pflanzenwelt, für Umwelt und Natur einfügen. Ein wirklicher Neustart wird dabei nicht reibungslos und ohne Verluste vonstatten gehen; er allein stellt uns aber die realistische Chance in Aussicht, unseren Planeten für viele nach uns kommende Generationen als einen bewohnbaren Ort zu erhalten. Genau darum geht es und das fällt vielen Menschen so schwer: Sich eine ganz andere Gesellschaft und einen Weg zu dieser anderen Welt vorzustellen. Einer Welt, in der wir die Natur und alle in ihr beheimateten Lebewesen und Nichtlebewesen achten und als heilig anerkennen. Wir müssen also im doppelten Sinne aufwachen: erstens aus der Geschichte der bestehenden Logik, in die wir uns immer wieder verstrickt finden, und zweitens aus der Geschichte, dass bereits alles zu spät sei, um neu zu beginnen. Denn es steht schlicht und einfach nicht zur Debatte, daran zu zweifeln, dass wir die Erde retten. Wir müssen mit aller Begeisterung und aller Liebe für die Welt, mit aller kindlichen Hoffnung und Naivität, mit größtem wissenschaftlichen Optimismus daran festhalten, dass es möglich ist, alles zu verändern. Denn wenn wir stets daran zweifeln, schaffen wir es niemals. Die unbedingte Überzeugung, dass ein sehr grundsätzlicher Wandel gelingen kann, ist Postaktivismus. Und Postaktivismus speist sich noch aus einer weiteren, tieferen Quelle: aus der Überzeugung, dass es nicht wichtig ist, ob wir dieses Ziel nach unseren rationalen Maßstäben erreichen. Allein der Versuch ist von Wert, wir können nicht scheitern, selbst wenn wir scheitern. Denn was bedeutet es schon, zu scheitern; wir können es empfinden und beweisen: das Scheitern ist wie auch das Sterben ganz eng mit dem Mensch-Sein verknüpft. Es macht uns als denkende, handelnde und empfindende Wesen erst aus.

Eines steht fest: Wir Menschen werden unseren schönen, blauen Planeten weiterhin gnadenlos ruinieren. Wir werden es solange so kunterbunt weitertreiben bis es nicht mehr weiter geht. Wir werden weiterhin Raketen in Richtung Mond, Mars und womöglich Saturn schießen, um ferne Planeten zu erkunden, anstatt uns unserem eigenen Planeten mit heilenden Maßnahmen zu widmen. Die wenigsten von uns werden freiwillig etwas von ihrem Wohlstand abgeben oder sich in Verzicht üben und in ihm etwas Wertvolles entdecken. Wir werden unseren hartnäckigen Konsumgewohnheiten so lange es geht die Treue halten, weil sie in ihren funkelnden Oberflächen einfach zu verführerisch sind, um sie ziehen zu lassen; sie haben die Besten von uns in ihren hypnotischen Bann gezogen. Wir werden immer höher hinaus wollen und zwar immer schneller und weiter – ganz einfach deshalb, weil wir Menschen sind. Der Punkt, an dem wir heute stehen, ist ganz einfach in uns als Menschheit angelegt, wir hätten ihn nicht vermeiden können; wir sollten ihn deshalb als eine Aufforderung und Chance begreifen. Wir sind furchtbare Wesen, ich bin es und Sie sind es auch. Wir sind auch viel weniger empathisch, als wir es oft vorgeben zu sein. Wir sind zum Teil böse und hinterlistig, wir bestehen zumindest auf das Recht, unvernünftig sein zu dürfen. Wir nörgeln gern vorsorglich auf hohem Niveau, wir sind vielschichtige und widersprüchliche Wesen. Wir werden uns samt Allem, was uns lieb und teuer ist, ins Chaos stürzen und es wird vermutlich okay sein. Wir werden trauern, leiden und tausend kleine und große Tode sterben. Und wenn wir kopfüber in den Tiefen des Chaos landen und dort beginnen werden, erste Wurzeln zu treiben, wenn sich unter unserer Haut die ersten schlafenden Knospen regen, spätestens dann, wenn wir beginnen, eine ganz neue Welt zu bauen, brauchen wir Postaktivismus. Die Dinge ändern sich aber bereits. Ein neues Denken steht vor unseren Toren; es drängt das bisherige Verstehen und die Versprechen der Moderne zur Seite und öffnet uns neue Räume. Es bedient sich unterschiedlicher Begrifflichkeiten, aber es geht immer darum, die patriarchalen, binären, von Kolonialismus und Industrialisierung geprägten Begriffe und Sichtweisen, das lineare Denken zu Gunsten einer offeneren Sichtweise zu überwinden. Es geht darum, allen Menschen und Tieren, aber auch Pflanzen und sogar Dingen Handlungsmacht zuzugestehen. Wir werden uns daran gewöhnen müssen, in die unseren Körpern eingeschriebenen Mustern von Logik und unumstößlichem Wissen immer mehr widersprüchliche Informationen einsickern zu lassen. Wie und ob kommende Generationen die von uns in nur wenigen Jahrzehnten bis kurz vor die Wand gefahrene Welt bewahren werden, wissen wir heute noch nicht. Ich möchte mit diesem Buch aber eine realisierbare und verständliche Utopie skizzieren, die uns darauf hoffen lassen kann. Jeder mittelmäßige Krimi eröffnet uns zum Ende der Geschichte hin überraschende Wendungen, die zur Ergreifung des Mörders führen; weshalb sollten ausgerechnet in Bezug auf den Ausgang der ökologischen und eigentlich kulturellen Krise unerwartete Möglichkeiten und Wege ausgeschlossen sein? Es gibt unfassbar viele kulturelle, soziale und ökologische Variablen im Spiel, was die Zukunft des Planeten angeht, und es muss immer mit dem Unwahrscheinlichsten gerechnet werden. In diesem Text möchte ich eine erweiterte Sichtweise auf die Krise mit dem Begriff des Postaktivismus beschreiben und diesen in seinen unbändigen, schönen und schaurigen Tiefen skizzieren. Ich möchte diese Idee und die Notwendigkeit eines umfassenderen und zeitgemäßeren Aktivismus dabei nicht systematisch und mit dem Anspruch auf Vollständigkeit darstellen, sondern ihn eher andeuten, intuitiv umkreisen und mich ihm so immer wieder von verschiedenen Seiten her annähern. Das Konzept des Postaktivismus ist dabei kein ausschließlich theoretisches, philosophisches oder poetisches Konstrukt, es hat auch eine überaus handfeste Seite. Viele gesellschaftliche Ansätze arbeiten seit langem an konstruktiven Gegenentwürfen zum Bestehenden; Postaktivismus ist in diesem Sinne also nicht neu. Er ist im Grunde genommen so alt wie die Menschheit. Es gibt aber auch einige Aspekte an diesem ganzheitlicheren Aktivismus, die es in den gegenwärtigen Konstellationen so bisher noch nicht gegeben hat. Postaktivismus ist also in diesem Sinne uralt und gleichzeitig ganz neu.

Was mir immer wieder auffällt, wenn ich die vielen klugen Gespräche rund um die Themen Klimagerechtigkeit, Gender-Studies, Rassismus und Postkolonialismus oder sämtlicher anderer Fragen des zivilisatorischen Fortschritts, der Gerechtigkeit und der Kapitalismuskritik verfolge, ist das Problem, dass wir uns dumm und dämlich diskutieren können, ohne dass sich dabei offenbar je etwas grundsätzlich ändert. Wir wollen im Grunde genommen auch gar nicht, dass sich etwas ändert. Dass sich die Dinge ganz grundlegend verändern, ist aber notwendig, denn wenn wir die Dinge nicht ändern, werden sie sich unvermeidlich von selbst recht bald verändern; es wird vermutlich kein Stein auf dem anderen bleiben, denn wir leben seit den 1950er Jahren in einer Zeit der großen Beschleunigungen, der *Great Acceleration*, und steuern auf eine Welt zu, in der unser Wachstum auf allen erdenklichen Ebenen nicht mehr tragbar für den Planeten sein wird. Es ist dabei ein mehr oder weniger verdecktes Problem, dass wir von der Ebene des Diskutierens über all diese Kipppunkte und Peaks nicht in dem nötigen Umfang auf eine Ebene des umfassenderen Handelns kommen. Man könnte sagen, unsere Lust daran, kleinteilig zu allen möglichen Menschheitsfragen zu diskutieren und zu spekulieren, beschäftigt uns so sehr, dass wir uns mit unserem, uns selbst stimulierenden Diskurs davon abhalten, etwas gegen die auf uns zurasenden Krisen zu tun. Wir müssen lernen, wieder viel einfacher und grundsätzlicher miteinander zu sprechen, denn bei zu vielen Worten, läuft man irgendwann Gefahr, geschwätzig zu werden. Wir müssen zu gemeinsamen Entscheidungen darüber kommen, was es braucht, um einen geschundenen und fiebernden Planeten zu heilen, ohne uns dabei gegenseitig als zu naiv, zu unwissenschaftlich, zu links, zu rechts oder als irgendwie unseriös zu diskreditieren. Wir müssen aufhören, uns ständig voneinander abzugrenzen. Wenn wir weiterhin über die vielen Details dessen streiten, was nötig und vielleicht sogar machbar, wünschenswert oder zumindest denkbar ist, was die Veränderung unserer gegenwärtigen Situation angeht, kommen wir niemals vorwärts. Ich sage dabei nicht, dass Prozesse der Bewusstseinsbildung nicht wichtig sind. Ich sage aber, dass unser Bewusstsein nur zum Teil das Problem ist. Wir wissen eigentlich sehr genau, was zu tun ist, auch wenn wir nur ungern etwas an unserem Lebensstil ändern möchten. Es ist anstrengend und beängstigend, das alte, lieb gewonnene Leben zu verabschieden und etwas völlig Neues zu wagen. Die Antwort auf Fragen ökologischer Kipppunkte oder Fragen, wie »Was passiert, wenn wir ein Bedingungsloses Grundeinkommen oder Elemente der Direkten Demokratie einführen?«, werden wir im Detail niemals beantworten können, wenn wir diese Konzepte nicht praktisch umsetzen. Wir brauchen dringend diesen Mut zum Machen, und damit meine ich auch den Mut zum Experiment und zum Chaos. Denn die

Antwort auf all diese spannenden Fragen lautet doch eigentlich: Wir wissen nicht genau, was passiert, wenn wir Neues wagen. Das ist ja gerade das Schöne daran. Wir befinden uns in einem komplexen Netz aus im Detail nicht überschaubaren Zusammenhängen, wenn wir grundsätzlicher etwas an der Kultur unseres Denkens, Zusammenlebens, Wirtschaftens, Arbeitens oder Konsumierens verändern. Wir können nicht immer alles im Leben planen, kontrollieren und verstehen; das wäre auch langweilig. Wir können aber ein selbst gewähltes und bewusst dosiertes gesellschaftliches Chaos wagen, denn in einem solchen ist es möglich, aktiv Fragen des Zusammenlebens und der gerechten Verteilung von Wohlstand zu gestalten. Die Alternative dazu wäre ein Chaos, in das wir eventuell sehr schnell und unvorbereitet hineingeworfen werden. Diese Befürchtung ist für kollapsbewusste Menschen heute nicht einmal unwahrscheinlich; als naiv und sogar apokalyptisch muss heute lediglich klar und deutlich ein stures »Weiter so« erkannt werden.

Erinnern Sie sich daran, wie es war, als Kind vor dem Fernseher zu sitzen und sich unterhalten zu lassen? Wie Sie wie parallelisiert dasaßen? Wie schwierig es war, als die Eltern versucht haben, Sie vom Fernsehen wegzubekommen oder wenn die Eltern ihn ohne Vorwarnung ganz einfach abgeschaltet haben? Es war wie ein Stich ins Herz! Wir Menschen sind heute in einer ganz ähnlichen Situation wie ein Kind, das mit halb geöffnetem Mund wie gebannt eine blödsinnige und schädliche Sendung guckt. Wir wissen, dass uns die Sendung nicht guttut, aber wir wollen unbedingt weitergucken. Die Krise ist ein Programm, das uns schnell in einen ähnlichen Zustand wie bei einem spannenden Film versetzen kann, wenn wir sie nicht genauer untersuchen. Wir starren fassungslos auf den Klimawandel wie ein gelähmtes Kaninchen auf die totbringende Schlange. Oder wir verdrängen das Thema und machen einfach so weiter wie gewohnt. Wie kommen wir aus diesem Modus heraus? Wo finden wir in uns selbst den Erwachsenen, der den Fernseher abschaltet, in die Hände klatscht und uns zurück in die »Wirklichkeit« holt? Solange wir unser gesellschaftliches Zusammenleben und unser Verhältnis zur Natur nicht radikal umstrukturieren, werden sich die sozialen und ökologischen Krisen weiter zuspitzen. Es gehört dabei für mich unzweifelhaft zu den Grundsätzen des Postaktivismus, sich der Gefahren einer sich zuspitzenden und multiplen Krise bewusst zu sein und ihr dabei bei aller Betroffenheit auch mit einer gewissen Durchlässigkeit und Gelassenheit entgegenzusehen. Es geht bei den notwendigen gesellschaftlichen Veränderungen darum, gemeinsam in einen Prozess zu kommen, in dem wir unseren Fokus darauf richten, was im Zeitalter des Klimawandels eigentlich unsere Prioritäten sind und wie wir dazu kommen, das Neue zu wagen und das Alte sehr konkret zu verabschieden. Dabei gilt es auch, tabuisierte Diskurse wie den gegenüber militanten aktivistischen Ansätzen kritisch zu prüfen. Wir können uns in Bezug auf die Krise keine Versteckspiele hinter ideologischen Tabus und Konventionen erlauben; alles muss in Erwägung gezogen werden, kein noch so unpopulärer Gedanke sollte ausgeschlossen werden. Das ist die Herausforderung und das ist das vor uns liegende Experiment, von dem wir nicht genau wissen, wohin es uns führen wird. Dieser Ausblick ist aber nicht nur anstrengend und beängstigend, sondern auch aufregend und schön, denn etwas Neues zu wagen, geht immer auch mit neuen Erfahrungen und der Dynamisierung unserer Kräfte einher. Es belebt unsere Gesellschaft und unsere Innovationskräfte, auch wenn es bei solchen gesellschaftlichen Umbrüchen viele Menschen geben wird, die auf Veränderungen mit Widerstand reagieren werden; entweder weil sie (zurecht) um den Verlust ihrer Privilegien fürchten oder weil ihnen ganz einfach die Phantasie fehlt, sich eine schönere Welt vorzustellen. Wir dürfen aber mit unserer verständnisvollen, achtsamen und wertschätzenden Art denjenigen Menschen gegenüber, die Angst vor Veränderungen haben, in diesen entscheidenden Fragen nicht klein beigeben. Wir brauchen eine kleine, aber feine revolutionäre Bewegung, die ihre Forderungen freundlich, aber bestimmt umsetzt.

Erster Teil

Was ist Postaktivismus?

> Mit Schorschi geschah etwas Seltsames. Als erstes merkte er, dass er nicht mehr zu dem Bord in seinem Wandschrank hinauflangen konnte, was er früher immer gekonnt hatte, weil er da seine Lutschstangen und Knallkaugummis aufbewahrte.
>
> *»Schorschi schrumpft« von F. P. Heide & Edward Gorey*

Postaktivismus und Kompost

Man kann sich das Konzept des Postaktivismus als das poetische Bild eines geheimnisvollen Raumes vorstellen, dunkel und vielstimmig wie ein raunender Komposthaufen. Wir wissen bis heute nicht viel über das Zusammenwirken all der fremden und seltsamen Lebewesen an diesem Ort. Es handelt sich um einen Ort, der alle Bereiche des Lebendigen einbezieht, ein Ort des Gestankes, der Zersetzung und des Todes aber auch einer des erdigen Wohlgeruches und des überaus Lebendigen. Es handelt sich um ein zwielichtiges Gelände, das wir nicht rational verstehen können und das dazu verführt, Geschichten jenseits der Begrenzungen von Raum und Zeit zu erzählen. Um ein Gebiet der Zuversicht und der Zuflucht, an dem eine lebensspendende Wärme herrscht. Ein Raum, der uns augenscheinlich näher ist, als wir es begreifen, denn im Grunde genommen sind wir über unser Verdauungssystem selbst so eine Art Komposthaufen. In dem schönen Wort »begreifen« steckt bekanntlich die Idee, die Dinge wirklich zu berühren, denn viele Dinge begreift man erst dann wirklich, wenn man sie praktisch erfahrbar macht. Im Zusammenhang mit der Idee eines Postaktivismus ist es daher sinnvoll, sich dem Thema experimentell zu nähern. Es ist dabei gar nicht notwendig, sich in das Innere eines Erdhaufens zu begeben, es reicht vollkommen aus, sich mit einer Hand so tief in einen aktiven Komposthaufen hinein zu wühlen, dass der Arm bis zur Schulter im Kompost steckt. Im Frühling erwacht das Leben der Erde und man kann die Wärme spüren, die im Inneren eines solchen Haufens durch die Zersetzungsprozesse der Mikroorganismen entsteht. Begibt man sich gedanklich in die Vorstellung all dessen, was an solch einem unwirklichen und geheimnisvollen Ort an Leben spürbar wird, bekommt man eine erste Ahnung davon, was Postaktivismus sein kann.

Báyò Akómoláfé und Donna Haraway

Tatsächlich formulierte der Philosoph, Autor und Poet Báyò Akómoláfé das Konzept eines Postaktivismus inspiriert durch seine Lektüre von Donna Haraways[1] Beschreibungen eines Komposthaufens erstmals zwischen 2015 und 2016. Haraway zeichnet in ihrem Aufsatz »Unruhig bleiben: Die Verwandtschaft der Arten im Chthuluzän«[2] lapidar das humorvolle Bild der Kompostierung unserer zerstörerischen Welt samt all ihrer unheilvollen, menschlichen Protagonisten. Sie skizziert dieses Bild der Kompostierung unserer Kultur zu fruchtbarem Humus als Möglichkeit der Überwindung des Anthropozäns/Kapitalozäns und als Übergang in das von ihr beschriebene Chthuluzän[3]. Es geht ihr dabei um ein Bild transformierender Hitze im Inneren eines solchen Komposts, welche dazu imstande ist, den heutigen Menschen zu erneuern, um so einen Ort zu schaffen, an dem das Zusammenleben in einer sogenannten Mehr-als-menschlichen Welt[4] möglich ist. Akómoláfé schließt mit seinem Begriff des Postaktivismus an diesen Vorstellungen Haraways an. Der vollständige Begriff eines

Postaktivismus, wie Akómoláfé ihn entwickelt hat, war vorerst der eines »com-post-activism«, später wurde diese Terminologie dann von ihm zu dem Begriff des »postactivism« überarbeitet, ohne dabei die Vorstellung eines Komposthaufens als einen mystischen Ort aufzugeben. Akómoláfé publiziert und spricht bis heute regelmäßig zu diesem Thema. Verschiedene Bereiche naturwissenschaftlichen Denkens bilden dabei oftmals den Ausgangspunkt für seine Betrachtungen. Er beginnt zunächst mit Beschreibungen aus dem Bereich der Quantenphysik, der Virologie, den Weiten der Holobiont- oder Mikrobiom-Forschung, um von dort zu philosophischen, poetischen oder mythologischen Sichtweisen oder Gleichnissen zu wechseln. Dabei spielt in Akómoláfés Denken unter anderem das Konzept des kritischen Posthumanismus[5] und ein postkolonialer Blick auf unsere Zeit eine wichtige Rolle. Es gelingt ihm so, verschiedene Welten auf oftmals überraschende Weise zu verweben, sie in subtil humorvollen Beschreibungen gegeneinander auszuspielen und miteinander kurzzuschließen. Akómoláfé hat ein sublimes Gespür dafür, das unaussprechlich Schöne in das unsagbar Schreckliche zu integrieren; dabei gelingt es ihm mit spielerischer Leichtigkeit, Gegensätzliches zu vereinen und miteinander zu versöhnen. Er begibt sich in seinen Texten tief in die düstersten Kapitel der Menschheitsgeschichte, um die mit solchen Orten verbundenen, schmerzhaften Erfahrungen für die Gegenwart erfahr- und nutzbar zu machen. Seine Essays und Bücher konfrontieren uns auf diese Weise mit unseren eigenen und ganz persönlichen Geschichten; mit unseren Freuden und Hoffnungen, unserer Trauer, unserem Leid und mit all den Verstrickungen der oft grausamen Taten unserer Vorfahren, die in ihren Wirkungen bis heute strukturell allgegenwärtig mit unseren Realitäten verwoben sind. Diese offensichtlichen und oftmals auch verdeckten, unterirdischen Wege und Kammern zu ergründen und sie mit den Krisen und zerstörerischen Strukturen der Gegenwart in Verbindung zu bringen, ist Postaktivismus. Tiefer und sehr tief zu schürfen, ist Postaktivismus. Es geht darum, die Dinge weiter, gründlicher und mit weitaus feineren und intuitiveren Instrumenten zu untersuchen, als sie die moderne Naturwissenschaft überhaupt kennt. Für Akómoláfé geht es bei dem Begriff des

Postaktivistischen dabei nicht um ein rational greifbares Konstrukt. Er verortet postaktivistisches Verstehen und Engagement viel eher in einer unsichtbaren, poetischen Welt jenseits des Messbaren, der Statistiken und Zahlen. Er spricht viel eher von transatlantischen Sklavenexpeditionen und von indigenen Weltbildern, von Trickstern, die uns an den Wegkreuzungen unserer Erfahrung begegnen und die unsere Vorstellungen von Wirklichkeit irritieren und unsere Erwartungen unterlaufen. Er spricht von der myzelischen Verflechtung unseres Daseins mit den vielfältigen Prinzipien des Lebens, mit dem Monströsen, dem uns Verunsicherndem unserer Zeit und mit den Ruhe spendenden, uns vertraut erscheinenden, regenerativen Orten unserer Zuflucht. Er spricht von Flüchtigkeit und Chaos als transformierenden Kräften und von der überraschenden Macht einer Mehr-als-menschlichen Welt, in der keine Spezies über einer anderen steht. Wir sind in dieser Sicht der Dinge dazu aufgerufen, die Welt mit anderen Augen zu sehen, unseren Kompass zu verlieren, die rational greifbare Welt zu erweitern und so zu verstehen, dass wir auf vielerlei Weise mit allem, was uns umgibt und durchfließt, verbunden sind. Das gilt für die Tiere und Pflanzen, für den humosen und überaus lebendigen Boden unserer Wälder ebenso wie für unseren Plastikmüll und die uns ständig umgebenden Geräteparks technologischer Innovation. Eine solche Haltung ist meilenweit davon entfernt, die Klimakrise mit Hilfe grüner Technologien lösen zu wollen oder einem 1,5-Grad-Ziel auf den Leim zu gehen. Eine solche Haltung ist gerade deshalb realistisch und pragmatisch, weil sie sich solch oberflächlichen Problemlösungen konsequent entzieht.

Akómoláfé spricht von unseren multiplen Krisen nicht nur in der Form, dass man sie als Chancen für zukünftig bessere Welten verstehen und im gewöhnlichen Sinne nutzbar machen kann. Er geht über diese Sicht der Dinge noch einen wesentlichen Schritt hinaus, indem er über diese – an manchen Stellen humorvoll personifizierten Krisen – von einer Epiphanie, von einer messianischen, transformierenden Kraft spricht, die diesen innewohnt.[6] Der Gedanke der Krise als eine messianische Kraft ist deshalb so stimmig, weil uns diese mit solch einer Wucht und Unabdingbarkeit trifft, dass wir gezwungen sind, uns fundamental zu verändern.

Weil sie uns vor ein Ereignis solch kolossalen Ausmaßes stellt, welches uns in unserer Überheblichkeit sprichwörtlich in die Knie zwingt. Insofern beinhaltet die Krise eine durch die Risse der heutigen, alten Welt immer wieder aufscheinende neue und verheißungsvolle Welt. Hinter all dem Schmerz, all den Ängsten und all der Trauer ist bei Akómoláfé auch Hoffnung auf etwas völlig Neues zu erahnen, wenn es einem gelingt, sich im Vertrauen auf potentiell reichere Welten mit etwas Höherem zu verbinden. Dies kann allerdings nur schwer in einer Gesellschaft funktionieren, die Yogakurse und Meditations-Workshops eher unter dem Gesichtspunkt der Selbstoptimierung und Karriereplanung versteht. Akómoláfé zeigt uns ohne den geringsten moralisierenden Tonfall eine Welt, die uns Menschen mit unserer eigenen, unübertrefflichen Hybris konfrontiert. Die vom Menschen gemachte Klimakrise samt ihrer unheilvollen Entourage kann in diesem Bild betrachtet werden. Darüber hinaus passen auch die verzweifelten und oft fantasielosen Ideen unserer hochtechnologisierten Gesellschaft in dieses Bild der Selbstüberschätzung, wenn beispielsweise versucht wird, einem neuartigen Virus in einer globalisierten Welt mit Schutzmasken, sehr schnell entwickelten Impfstoffen oder Lockdowns beizukommen. Für jeden aufmerksamen Menschen, der die Debatten rund um Corona genauer verfolgt hat, sind auch in dieser Frage die Zeiten solch tendenziell eher mechanischer Sichtweisen übertragen auf eine Welt des Multidimensional-Lebendigen endgültig vorbei. Akómoláfé entführt uns auch in Bezug auf die Corona-Krise in ein poetisch-mystisches Zentrum, in dem wir unser lineares Denken und Problemlösen zwangsläufig hinter uns lassen müssen, um uns den uns oft ratlos zurücklassenden Ereignissen unserer Zeit in einen um eine spirituelle Dimension erweiterten Raum überhaupt anzunähern. Die noch immer vorherrschende moderne, aber über weite Strecken einseitige und irrationale Erzählung von Wachstum und stetigem Fortschritt erscheint so als eine von Beginn an aussichtslose Sackgasse, in die der Mensch notwendigerweise – mehr oder weniger unverschuldet – hineingeraten ist. Nun aber nun besteht die Chance, sich auf steinigen und verschlungenen Pfaden in eine ganz neue Zeit zu begeben.[7] Vieles, was wir lieb gewonnen haben oder was uns das

Leben angenehm gemacht hat, werden wir auf unserem Weg zurücklassen müssen. Akómoláfé spricht über all diese Zusammenhänge von einer Ebene zu uns, die uns – wenn wir es zulassen – in tiefere Einsichten als weitläufig gewohnt führen. Er evoziert Bilder des Vorhandenseins eines Zufluchtsortes, eines Heiligtums in uns, dessen Ahnung uns im Angesicht unserer Rastlosigkeit und zum Pessimismus verführenden Sichtweisen hoffen und durchatmen lässt. Es geht Akómoláfé dabei um einen Ort, der sich unseren Versuchen, sich ihm zu nähern, oftmals entziehen wird und in dem völlig andere Fragen an das Leben und an uns selbst gestellt werden können als üblich. Es geht um die Erweiterung unserer Wahrnehmung davon, was wirklich ist, es geht um eine neue Geschichte, um ein Experiment der Formveränderung. In all diesen Facetten der Auseinandersetzung mit einer erweiterten Realität bietet Akómoláfé vor allem einen Schatz, den zu heben in Zukunft von wesentlicher Bedeutung sein wird, wenn es darum geht, emotional und praktisch überhaupt handlungsfähig zu bleiben oder es zu werden: den Schatz der vielbeschworenen und unerlässlichen Ressource menschlicher Resilienz.

Eine neue Zeit hat begonnen

Ich möchte, bevor ich beginne meine eigene Vorstellung von Postaktivismus genauer zu beschreiben, noch kurz die vier für mich wichtigsten Gründe andeuten, die mich in Bezug auf unsere Zeit dazu veranlassen, immer wieder etwas pathetisch von einer »neuen Zeit« zu sprechen, in der wir heute leben. Ich beginne dabei erst einmal mit dem Offenkundigen, also mit unserer nicht mehr ganz so neuen Situation des digitalen Informations- und Kommunikationszeitalters und der damit verbundenen Herausforderung, richtige von falschen Informationen zu unterscheiden und entsprechend zu handeln.

Die digitale Welt:

Die demokratisierten Möglichkeiten einer digitalen Wissensaneignung und Kommunikation gibt es noch nicht sehr lange, sie sind in ihren Auswirkungen aber epochal. Sie sind zugleich eine enorme Chance und Symbol für vieles, was in unserer Zeit als problematisch angesehen und kritisch hinterfragt werden kann, denn im Bereich des Digitalen eröffnen sich vielerlei Felder, auf denen moralische und ethische Fragestellungen aufgeworfen werden, die wir in ihren Auswirkungen heute kaum überblicken können: Fragen nach unserer Privatsphäre und der Einflussnahme großer Medienkonzerne und digitaler Dienstleister sind von Bedeutung dafür, wie wir in Zukunft zusammenleben wollen; auch der Bereich digitaler Währungen und der damit verbundenen Fragen von Kontrolle, wie auch Fragen von uns mehr oder weniger freiwillig abgeknüpfter Freiheits- und Selbstbestimmungsrechte. Mit der Entwicklung zum Digitalen stehen wir aber auch vor vielen zumindest zunächst einmal positiv anmutenden und nicht aufzuhaltenden Entwicklungen, auf die heute kaum jemand verzichten mag. Die Ideen eines Metaversums und die Visionen des Transhumanismus werfen im Zeitalter des Klimawandels eine Menge seltsamer Fragen auf. Die mit der Digitalisierung verbundenen Bequemlichkeiten, Spleens, Zeitersparnisse und Möglichkeiten der Kommunikation und Vernetzung über nationale Grenzen hinweg gibt es erst seit etwa 30 Jahren, sie sind also noch immer relativ neu und überaus weitreichend in ihren Auswirkungen.

Frieden, Wohlstand und die Lust an der Dystopie:

Ein weiteres Argument für die unübliche Situation, in der wir uns befinden, ist die Tatsache, dass wir im globalen Norden in relativem Frieden und Wohlstand oder Überfluss leben.[8] Der Postwachstumsökonom Niko Paech nannte im persönlichen Gespräch einmal unsere Zeit treffend »eine Zeit der Konsumverstopfung«. Materielle Sicherheiten sind schön, sie sind aber auch teuer erkauft. Deshalb erwächst auch aus unserem Wohlstand und Frieden eine besondere Form der Verantwortung, denn unser Wohlstand ist mit der Ausbeutung und dem unbeschreiblichen Leid anderer Menschen und Lebewesen verbunden. Die vergangenen, unbeschwerten Jahrzehnte unseres Lebens eröffnen aber auch ein neues Problemfeld, das wir aus früheren Zeiten so nicht kennen: sie führen uns in die Versuchung, diesen Frieden und unsere Konsumgewohnheiten als etwas Selbstverständliches wahrzunehmen und in eine Erwartungshaltung zu geraten, was diese Sicherheiten betrifft. Dies gilt insbesondere für die Generationen, die um die Jahrtausendwende geboren wurden. Diese Erwartungshaltung führt uns an einen Punkt, der es uns erschwert, uns grundsätzlicher zu engagieren; wir sind mit unserer eigenen Bequemlichkeit, unserer Antriebs- und Phantasielosigkeit konfrontiert. Man könnte auch sagen, wir sind zu satt. Der Philosoph, Autor und Filmemacher Alexander Kluge sagte einmal in Bezug auf die auf uns zurollenden Krisen, dass wir Menschen im globalen Norden so etwas wie eine »Reserve« hätten, um diesen Krisen zu begegnen. Ich habe über diese Aussage immer wieder nachdenken müssen. Wir haben sicherlich eine materielle Reserve, vielleicht sogar eine kognitive, die uns den Übergang in eine neue Geschichte, in eine neue Zeit ermöglichen oder erleichtern kann. Andererseits sind viele grundlegende, handwerkliche Fähigkeiten heute verloren gegangen und wir wären bei einem länger anhaltendem Stromausfall vermutlich bereits über die Maßen damit überfordert, unsere Socken von Hand zu waschen. Es gibt dabei zusätzlich neben der Bequemlichkeit und Gewöhnung an unseren Wohlstand auch eine archaische Lust an medial vermittelten dystopischen Szenarien, denn ein bestimmter Teil von uns langweilt sich offenbar zu Tode und sehnt sich nach Abenteuer. Dieser Teil von uns stellt es sich vielleicht sogar romantisch vor, als letzter überlebender Mensch auf dem Planeten gegen Untote zu kämpfen und eine neue Zivilisation zu gründen (natürlich mit uns selbst als lebensspendendem Quell zukünftiger Generationen). Uns stecken solche heroischen Erzählungen aus unseren apokalyptischen Erzählungen, aus Märchen und Sagen bis zu den Hollywood-Blockbustern und modernen Videospielen der Gegenwart seit Jahrhunderten in den Knochen.[9] Wenn diese Szenarien uns persönlich tatsächlich einmal näher rücken sollten, ist allerdings zu befürchten, dass sie weitaus weniger romantisch ausfallen werden, als vom gemütlichen Sofa aus imaginiert. Grundsätzlich ist es nicht sehr unwahrscheinlich, dass es in einer Welt der endlichen Ressourcen und der störungsanfälligen, global organisierten Versorgungssysteme in verschiedenen Bereichen des Lebens zu Engpässen kommen wird und dass wir kollabierende Ökosysteme erleben werden, die wiederum ihrerseits angrenzende Systeme nicht zwangsläufig und ausschließlich positiv beeinflussen werden. Die Kollapsologie[10] beschäftigt sich seit einigen Jahren mit solchen Fragen sehr konkret, auch wenn der gesellschaftliche Zusammenbruch sich als ein bisher eher mäßig populäres Thema abzuzeichnen scheint.

Die verzögerte Krise, die Grenzen des Wachstums und der Demokratie:

Ein weiteres Merkmal dafür, dass wir in einer neuen Zeit leben, ist es wohl, dass wir technologisch und vor allem auch kulturell so weit entwickelt sind, dass die Verwirklichung unserer gesellschaftlichen Ideale von Wohlstand, Toleranz und Gerechtigkeit in vielen Lebensbereichen so greifbar nahe zu sein scheint wie nie zuvor, auch wenn die ungleiche Verteilung von Reichtum sich global in einem weiterhin kaum zu beschreibenden Ungleichgewicht befindet. Dagegen neigen wir aber an einigen Stellen unseres kulturellen Dialogs zum Extremismus, wenn es ums Gendern, Wokeness, Kritik an kultureller Aneignung anderer Kulturen und dem Aussprechen von Trigger-Warnungen geht, auch wenn diese Debatten grundsätzlich längst überfällig und begrüßenswert sind. Gleichzeitig stehen wir zivilisatorisch vor der absurden Situation, dass unsere ökologischen und damit auch sozialen Systeme offenbar kurz davor stehen, zu kollabieren und die Welt in kürzester Zeit in ein gewaltiges Chaos zu stürzen; wir sind angeblich die letzte Generation, die noch die Möglichkeit hat, die Welt vor diesem drohenden Abgrund zu bewahren. Es ist dabei in vielerlei Hinsicht eher unwahrscheinlich, dass wir den Klimawandel – der bezogen auf CO_2 bekanntermaßen mit einer zeitlichen Verzögerung eintritt – noch aufhalten oder im wesentlichen Maße abmildern können. Wenn uns dies tatsächlich gelänge, wäre dies, gelinde gesagt, eher ungewöhnlich, auch wenn das Ende der Welt schon des Öfteren und aus unterschiedlichsten Gründen beschworen wurde. Neu ist aber, dass jenes apokalyptische Szenario mittlerweile von international renommierten Wissenschaftlerinnen und Wissenschaftlern prognostiziert wird und nicht etwa von einer freakigen Sekte. Bereits mit dem 1972 vorgelegten Bericht »Die Grenzen des Wachstums«[11] des Club of Rome wie auch mit der Vorlage der Umweltstudie »Global 2000«[12] aus dem Jahr 1980 sind diese verschiedenen Wachstumsgrenzen und Krisenszenarien naturwissenschaftlich hinlänglich beschrieben worden. Das Migrationsströme auslösende Szenario der Naturkatastrophen, der Hungersnöte und sozialen Verwerfungen ist somit heute in greifbare Nähe gerückt und verunsichert uns alle mehr und mehr. Es beunruhigt uns aber offenbar noch viel zu wenig, denn die Möglichkeit, unseren Impulsen zu folgen, wirklich grundsätzlicher auf diese heute gut erforschten Zusammenhänge zu reagieren, wird seit Jahrzehnten versäumt. Der Kulturphilosoph und Autor Charles Eisenstein beschreibt die Besonderheit unserer Zeit in, wie ich meine, realistischer Weise:

> Millenaristen und Utopisten gleichermaßen sagten tausende Jahre lang, dass ihre Generation in besonderen Zeiten lebte. Was unterscheidet mich von ihnen? Was macht unsere Zeit noch besonderer als jede andere? Könnte die Geschichte, in der die Zivilisation tausende Jahre lang gelebt hat, noch ein paar tausend Jahre weitergehen? Ich denke nicht, und zwar aus einem wesentlichen Grund: der Natur. Das Narrativ der Zivilisation hielt uns von der Umwelt getrennt und wähnte uns über die Grenzen des Wachstums erhaben. Ich muss nicht auf dem Punkt herumreiten, dass ein solches Wachstum untragbar ist; dass wir auf das Zusammentreffen verschiedener Ressourcenfördergipfel und Umweltlimits zusteuern, die sich zu ›Peak Civilization‹ summieren. Wenn wir willens sind, die allerletzten Reste des natürlichen Reichtums zu plündern, können wir das Wachstum von Konsum und Bevölkerung vielleicht noch vierzig Jahre aufrechterhalten, aber nicht länger. Wir können also mit Sicherheit sagen, dass wir in besonderen Zeiten leben.[13]

Eisenstein beschreibt in diesem Text von 2011 eine Zeit der kulminierenden, multiplen Krisen, die uns in den westlichen Ländern und natürlich global spätestens um das Jahr 2050 treffen werden, als unvermeidbar, falls es nicht einen übermenschlichen Kurswechsel unserer Kultur geben wird. Es deutet aber bisher nichts auf einen solchen Kurswechsel hin und vermutlich sind Eisensteins Prognosen noch zu optimistisch, wenn man sich die Geschwindigkeit dessen ansieht, mit der die Vermüllung und Vergiftung unseres Planeten, dem Verlust an Diversität unserer Ökosysteme und die Erwärmung unserer Atmosphäre einhergeht. Einen kulturellen Wandel, der von der Politik ausgeht, kann man in dieser Frage mit Sicherheit nicht erwarten. Vermutlich gingen geschichtlich betrachtet entscheidende Veränderungen so gut wie nie von der Politik, sondern stets von einer wachen und oftmals empörten Zivilgesellschaft aus, denn politische Entscheidungen werden – um nur ein Beispiel zu nennen – in der Mehrzahl von Menschen getroffen, die der Auffassung sind, dass sie die ökologischen Zusammenbrüche und sozialen Zerwürfnisse zu ihren Lebzeiten nicht mehr betreffen werden. Es geht im Feld der Politik viel eher darum, alles beim Alten zu belassen und die Bevölkerung zu diesem Zweck wahlweise zu verängstigen oder einzulullen. Bei der systematischen Verhinderung von gesellschaftlicher Veränderung geht es argumentativ dabei immer wieder um den Erhalt von Arbeitsplätzen und um Fragen des wirtschaftlichen Wachstums, wenn eigentlich doch ganz andere Fragen gestellt werden müssten. Es geht immer um das klassische Narrativ einer auf CO_2 oder Methan verengten Sichtweise und dem damit verbundenen 1,5- bis 2-Grad-Ziel. Es geht um regenerative Energien und darum, wie man die Welt mit vermeintlich grüner Technologie retten kann und dabei sogar noch den jeweiligen Wirtschaftsstandort stärkt, denn wenn die Wirtschaft eines Landes erst am Boden liegt, können wir schließlich innerhalb der Weltgemeinschaft gar nicht mehr die Zukunft unseres Planeten mitgestalten, so die dazugehörige Logik. Deshalb ist der Wirtschaftsstandort des jeweiligen Landes so wichtig. Nehmen wir Deutschland als Beispiel: Es geht heute nicht mehr darum, dass Deutschland aus ökonomischer Sicht wettbewerbsfähig bleibt. Das sind Geschichten von gestern, die in der Logik einer vergangenen Zeit mit völlig anderen Vorzeichen verharren. Es geht nicht darum, dass wir CO_2-Emissionen verringern oder durch Carbon-Capture-Technologien aus der Atmosphäre filtern und so das Problem beheben. Es geht nicht um Technologie. Es geht viel eher um den Erhalt der Artenvielfalt, denn jeden Tag sterben etwa 150 Arten (!) auf diesem Planeten unwiederbringlich aus. Es geht um den Erhalt der Regenwälder, es geht um globale Aufforstung, um den Stopp der Verschmutzung des Planeten durch Plastik, Pestizide und viele andere Chemikalien. Es geht um Überfischung, um die Versieglung von Landflächen, die konventionelle Landwirtschaft und deren Methode der Massentierhaltung. Und es geht natürlich auch um CO_2 und um auftauende Permafrostböden. Es geht aber vor allem darum, dass wir unsere Haltung gegenüber unserem Planeten grundsätzlich verändern müssen. Wir müssen verstehen – nicht nur theoretisch verstehen –, dass wir Teil eines lebendigen Planeten sind und dass wir alles, was wir der Natur antun, uns selbst antun.

Ein weiteres Problem ist, dass an der Stelle, an der es enorme Veränderungen im Bewusstsein und im Handeln am dringendsten bräuchte, immer wieder mit den Argumenten von Demokratie und Selbstbestimmung hantiert wird, wenn es darum geht, Gründe zu finden, den Planeten weiter zu ruinieren. Und wer möchte schon als undemokratisch gelten, wenn sich die Menschen nun einmal mehrheitlich durch demokratisch legitimierte Wahlen und Abstimmungen immer wieder gegen einen einschneidenden kulturellen Wandel entscheiden, indem sie die letzten Endes ewig gleichen Parteien oder gar Populisten und Nationalisten wählen? Die Gesellschaft möchte eben gleichzeitig in eine sichere und gern auch – wenn es denn unbedingt sein muss – nachhaltige Zukunft, will aber um keinen Preis der Welt irgend etwas ändern und auf die eigenen Privilegien verzichten. Wir haben es mit einer schizophrenen Gesellschaft zu tun, die einerseits gerne eine intakte Natur für sich in Anspruch nehmen möchte, aber nicht bereit ist, etwas dafür zu tun. Parteien, die unpopuläre Forderungen stellen, die etwas mit Verzicht oder wirklichen, gesellschaftlichen Veränderungen zu tun haben, werden an der Wahlurne anonym abgestraft und so ganz einfach an der Regierungsbeteiligung und schlichtweg an Entscheidungsprozessen gehindert. Der Begriff des Demokratischen gerät hier an seine Grenzen und müsste an dieser Stelle genauer betrachtet und hinterfragt werden, denn das Demokratische ist längst im Begriff, von den Einflussnahmen einer beinahe alle Lebensbereiche überlagernden Ökonomie ausgehöhlt zu werden. Wir begehen aber lieber kollektiven Selbstmord, als dass wir uns von irgendeinem eloquenten Politiker oder CEO als undemokratisch bezeichnen lassen. Wir lassen uns immer wieder an den immer gleichen Argumentationslinien der Lobbyisten und Politikerinnen ausbremsen, anstatt uns selbstbewusst viel grundsätzlicher zu empören, zu vernetzen und selbst für die Zukunft des Planeten einzustehen.

Die Welt des Unsichtbaren:

Die größte Herausforderung und der wirkliche Paradigmenwechsel, der alle zuvor genannten Bereiche betrifft, ist aber die Überwindung einer Gesellschaft, die alles Irrationale, Künstlerische und Spirituelle systematisch diskreditiert und als unwissenschaftlich in den Bereich der Spielereien und Mythen abschiebt – in einen Bereich, in dem die mehr oder weniger sympathischen Spinner ihr Unwesen treiben. Das materielle Zeitalter mit seiner unheilvollen Wirtschaftsweise wird es in der Form, wie es seine Triumphe feierte und seinen Schrecken verbreitete, aber nicht mehr lange geben, wir befinden uns bereits mitten in einer Zeit des Übergangs in eine neue Welt. Von der Überwindung der derzeitigen Anschauung und von der Integration und Erweiterung einer mechanistischen Sicht auf das Leben um eine spirituelle Komponente hängt nicht weniger als die Fähigkeit unseres Planeten ab, sich in einem Zusammenschluss mit einer Mehr-als-menschlichen Welt in einem tieferen Sinne zu heilen. Am Ende werden wir die vielzitierte Trennung zwischen uns und der uns umgebenden und durchdringenden Welt überwinden. Wir werden diese Trennung gegenüber allen unseren uns bis ins kleinste durchströmenden Kreaturen und Naturreichen und bis in die unendlichen Weiten des Universums immer mehr überwinden, denn:

> Der Mensch ist ein Teil des Ganzen, das wir ›Universum‹ nennen, ein in Zeit und Raum begrenzter Teil. Er erlebt sich selbst, seine Gedanken und Gefühle als etwas vom Rest Getrenntes – eine Art optische Täuschung seines Bewusstseins. Diese Täuschung ist für uns eine Art Gefängnis, das uns auf unsere persönlichen Wünsche und auf die Zuneigung zu einigen wenigen Personen, die uns am nächsten stehen, einschränkt. Unsere Aufgabe muss es sein, uns aus diesem Gefängnis zu befreien, indem wir unseren Kreis des Mitgefühls auf alle Lebewesen und die gesamte Natur in ihrer Schönheit ausdehnen. Niemand ist in der Lage, dies vollständig zu erreichen, aber das Streben nach einer solchen Errungenschaft ist in sich selbst ein Teil der Befreiung und eine Grundlage für innere Sicherheit.[14]

Mein Postaktivismus

Als mir im Frühjahr 2018 der Begriff des Postaktivismus zum ersten Mal intuitiv in den Kopf kam, lag etwas in der Luft, denn der Klimawandel tauchte in dieser Zeit stärker als zuvor im Bewusstsein der Menschen auf. Viele Menschen suchten nach neuen Möglichkeiten, sich gegenüber solch beängstigender Fragen zu positionieren und der globalen Erwärmung etwas entgegenzusetzen. Jem Bendells Bericht der »Tiefenanpassung/Deep Adaptation«[15] erschien damals als alarmierende Zusammenfassung dessen, was wir bis zu diesem Zeitpunkt über den Klimawandel aus naturwissenschaftlicher Perspektive wussten. Hans Joachim Schellnhuber prägte als Leiter des Potsdamer Instituts für Klimaforschung in Bezug auf die sich erwärmende Erde den Begriff einer »Heißzeit«, der von der Jury der Gesellschaft für deutsche Sprache zum Wort des Jahres 2018 gewählt wurde. Am 20. August 2018 streikte Greta Thunberg zum ersten Mal vor dem schwedischen Reichstagsgebäude in Stockholm für das Klima und kurze Zeit später trat *Extinction Rebellion* auf den Plan. Für mich als Künstler war es zu dieser Zeit wichtig, einen Weg zu finden, meine künstlerische Arbeit in einem für unsere Zeit relevanten Zusammenhang zu stellen, und der Bereich der ökologischen Frage, insbesondere der des Klimawandels, erschien mir diesbezüglich damals wie heute am naheliegendsten. Den Begriff des Postaktivismus, wie ihn Báyò Akómoláfé einige Zeit zuvor begonnen hatte zu entwickeln, kannte ich damals noch nicht. Also hängte ich mich ans Telefon und versuchte einige Leute aus meinem Umfeld dazu zu gewinnen, mich bei meiner Idee zu unterstützen, eine eigene kleine Umweltinitiative im Umfeld der Kunst zu organisieren. Es war mir bewusst, dass es wichtig war, dem Thema der Erderwärmung eine klare Priorität einzuräumen, denn die Klimafrage bildet gewissermaßen die Wurzel aller anderen Krisen unserer Zeit; Umweltschutz bedeutet also somit auch Friedensarbeit. All diese Krisen, mit denen wir es zu tun haben, wie der zunehmende Populismus, die weltweite Migration, soziale Ungleichheit, Kriege um erweiterte Territorien und Ressourcen, hängen miteinander zusammen.

Als ich damals über Aktivismus nachdachte, hatte ich die Vermutung, dass der Bereich des Aktivistischen vor allem formal-ästhetisch einen neuen Anstrich gebrauchen könnte. Das wenige, was ich von den Protest-Aktionen von *Ende Gelände* mitbekam, erschien mir damals irgendwie seltsam; die theatralischen Aktionen von Extinction Rebellion empfand ich als zu pathetisch und irgendwie peinlich. Ich hatte von außen betrachtet den Eindruck, dass sich viel zu wenig Innovatives auf diesem Gebiet bewegte, dass die ökologischen Probleme zu den aktivistischen Aktionen in einem groben Missverhältnis standen und dass diejenigen, die sich hauptberuflich um das Problem kümmern sollten, nicht nur mit Wasser kochten, sondern ihren Job schlampig machten. Heute ist mir klarer, wie heterogen und schwierig das ganze Terrain der Krise, aber auch das des Aktivismus ist. Ich dachte damals bei meiner Vision von Postaktivismus vorerst nicht an die Gründung eines Vereins oder eines Start-ups, sondern eher an einen wendigen, silbern glänzenden Sportwagen. In den vergangenen Jahren hat es sich für mich Stück für Stück genauer geklärt, was für einen Aktivismus ich mir wünsche. Dabei geht es mir heute nicht nur um einen schickeren Look und eine kulturphilosophische Debatte zu der Frage, welche Form des Protests oder Widerstands wir eigentlich brauchen, sondern auch darum, ganz praktische Strategien zu entwickeln, wie man sich gegenüber der ökologischen Krise emotional verorten und praktisch verhalten kann. Als Künstler weiß ich, dass das Vertrauen auf eine sehr persönliche und intuitive Auseinandersetzung mit einem Thema einen schneller und tiefer an den Kern einer Sache heranführen kann, als ein stets um Objektivität bemühter Wissenschaftsanspruch.

Ich werde von Aktivistinnen und Aktivisten immer wieder darauf hingewiesen, dass sie keinen neuen Aktivismus wollen. Es heißt immer wieder, dass der normale Aktivismus alles hat, was man braucht, dass er nach neuesten wissenschaftlichen Erkenntnissen ausgerichtet ist, und dass es nicht darum geht, einen neuen, hippen Begriff mit Post-irgendwas zu etablieren, um sich besonders wichtig zu machen oder gesellschaftlich besser engagieren zu können. Wenn es dann noch spirituell und technologiekritisch wird, stellen sich vielen politisch traditionell links stehenden Aktivistinnen und Aktivisten heute noch immer die Filzlocken auf. Ich bin in meiner Sicht der Dinge aber zu einer anderen Überzeugung gelangt und halte stur daran fest, dass es nicht egal ist, wie wir unsere Formen des Engagements oder Protests verstehen und benennen. Wir brauchen im Gegenteil ganz entschieden einen neuen Aktivismus und deshalb brauchen wir auch einen neuen Begriff, damit man diesen als andersartig erkennt und gegenüber dem klassischen Aktivismus abgrenzen und zur Disposition stellen kann. Ich halte es für notwendig, einen neuen Begriff zu verwenden, weil ich denke, das die klassischen Formen von Aktivismus und Protestkultur zum Teil unwirksam geworden, hinter die sich vor uns auftürmenden Probleme zurück- oder in sich selbst zusammengefallen sind – oder sogar in verschiedenen Aspekten selbst Teil des Problems geworden sind. Wir sind im Grunde genommen viel zu spät dran, unseren Aktivismus auf Vordermann zu bringen. Ich finde den Aktivismus, wie ich ihn seit den 80er Jahren bis heute erlebt habe, ohne zu sehr ins Detail gehen zu wollen, schlicht und ergreifend unsexy. Ich weiß, das klingt oberflächlich, vielleicht sogar sexistisch, aber ich kann und will es nun einmal nicht anders sagen. Ich weiß nicht, warum ausgerechnet Aktivismus nicht sexy sein sollte, aber es scheint irgendwie verpönt zu sein, Aktivismus und Schönheit Hand in Hand gehen sehen zu wollen. Ich bestehe aber auf Schönheit und ich ernenne sie hiermit zu einer der Top-Merkmale des Postaktivismus. Ich wünsche mir einen Aktivismus, der viel lässiger und witziger ist als der, den ich bisher kenne. Einen Aktivismus, der smarter, kreativer, frecher, dabei freundlicher, unkonventioneller, radikaler und besser organisiert ist, als der mir noch immer über weite Strecken begegnende.

Wenn wir grundsätzlicher über den Begriff des Aktivismus nachdenken, geht es auch darum, immer wieder die archaische Frage danach zu stellen, wer wir Menschen als Individuen überhaupt sind. Es geht darum, darüber nachzudenken, wo unsere eigene Persönlichkeit beginnt, wo sie endet und auf welchen Stufen sie mit anderen Wesenheiten und Dingen verknüpft ist. Auf welchen Ebenen verschmelzen wir sogar bis zu einem gewissen Punkt mit anderen Wesen und Gegenständen? Wie beeinflussen wir die Dinge und wie beeinflussen sie uns? Wenn wir diesen Fragen nachgehen, werden wir sehr schnell feststellen, dass wir psychisch und physisch durch enorm viele Dinge und Wesen geprägt werden. In gewissem Sinne könnte man sagen, wir SIND all diese Wesen und Dinge, die uns ständig umgeben. Wir sind das Kind unserer Eltern, wir sind auf verschiedenen Ebenen eng mit unseren Familien und Freunden verbunden. Wir sind sowohl das Wetter als auch unser Frühstück; wir sind ebenso Frühstücksei als auch Eierlöffel. Wir sind überall mit den Taten unserer Ahnen und Urahnen verbunden und wir haben darüber hinaus vieles an Erfahrungen nicht nur unseren besten Freunden, sondern auch unseren schlimmsten Feinden zu verdanken, denn wir haben es womöglich von ihnen gelernt, uns ihnen gegenüber abzugrenzen. Wir haben es unseren Feinden und den Widrigkeiten des Lebens zu verdanken, dass wir es gelernt haben, zu wissen, was wir überhaupt wollen und was nicht. Wir sollten unseren Feinden also dankbar sein und ihnen möglichst freundlich begegnen.

Eine andere Frage ist es, an was für einer Kette von Verantwortung wir anknüpfen, wenn wir verschiedenste Dinge konsumieren. Woher kommen meine Lebensmittel, wer produziert die Kleidung, die ich trage, wie wohne ich? Was bedeutet es für kommende Generationen, wenn ich mir selbst oder meinen Liebsten etwas Gutes tue, indem ich in einem fernen Land unbeschwert Urlaub mache? An welchen Stellen ist unser Reichtum ganz direkt mit der Armut und dem Leid anderer Menschen und Tiere verbunden? Was hat mein Alltag mit Kolonialismus zu tun? Jede Handlung und jede Unterlassung von Handlungen hängt auf unterschiedlichen Ebenen mit anderen Lebewesen und deren Lebensumständen zusammen. Wenn ich mir etwas Gutes tue, unterstütze ich unter Umständen den zerstörerischen Raubbau des Regenwaldes oder die Vergiftung unserer Erde. Oder ich unterstütze mit meinem Konsum ganz bewusst eine Produktionsweise und eine Gruppe von Menschen, die es sich zum Ziel gemacht hat, ihre Produkte im Einklang mit sozialen und ökologischen Standards zu produzieren. Ich nehme es vielleicht sogar in Kauf, mehr für solch ökologisch und fair produzierte Güter zu zahlen, denn ich durchschaue, dass ein fair und ohne Gift produzierter Apfel eben einen gewissen Wert hat, der sich in seinem Geschmack, seiner Gesundheit, aber eben auch in seinem Preis ausdrückt. Diese Tatsachen sind heute eigentlich Binsenweisheiten und doch sind sie noch immer nicht allen Menschen in ihren Auswirkungen bewusst. Wir sind mächtig in diesen vielen kleinen Dingen, wir beeinflussen die Welt, in der wir leben andauernd. Der Mensch ist aber eben nicht nur ein empathisches und altruistisches Wesen, sondern auch ein Wesen, das erst einmal auf den eigenen Vorteil bedacht ist. Wenn ich billige Lebensmittel konsumiere und das Leid anderer, das damit verbunden ist, verdränge und somit in Kauf nehme, kann ich mir für mein monatliches Einkommen vielleicht noch einen billigen Urlaub im Jahr zusätzlich leisten. Wir Menschen neigen offenbar nicht allzu sehr dazu, langfristiger und genauer nachzudenken, sonst würde es uns vermutlich auffallen, dass eine gesunde Ernährung auf längere Sicht durchaus auf verschiedenen Ebenen seine Vorteile hat. Körperlich in Bezug auf die eigene Gesundheit, geistig in Bezug auf unsere intellektuelle Weiterentwicklung und nicht zuletzt in Bezug auf kognitive Dissonanzen, die unsere Gesundheit gefährden, wenn wir nicht in Übereinstimmung mit unseren Werten handeln. Sozial, weil wir uns von Menschen ausschließen, die Wert auf einen nachhaltigen Lebensstil legen und uns so zu möglichen Alternativen zu unserem bisherigen (Konsum-)Verhalten inspirieren könnten.

Wir sind neben unseren zwischenmenschlichen Beziehungen und neben unserem Konsum auch auf mannigfaltige Weise auf weiteren Ebenen mit unserer natürlichen Umgebung verbunden; nicht nur durch die Luft, die wir atmen, welche mit dem Atem der Bäume, der Tiere und den Meeren, Flüssen und Seen in Beziehung steht. Wir sind mit den Tieren und Pflanzen unserer Erde verbunden, mit dem Blau des Himmels, der sich über uns wölbt – all dies hatte durch Jahrhunderte und Jahrtausende subtil oder weniger subtil Anteil an unserer Menschwerdung. Wir sind darüber hinaus über und über von seltsamen, kleinsten Lebewesen bevölkert, die erheblich über unsere Gesundheit und über unser Wohlbefinden mitentscheiden. Nicht nur all diese komplexen Prägungen bestimmen unser Sein, auch wir bestimmen und beeinflussen unsere Umwelt andauernd; unser Handeln reicht so viel weiter, als wir es rational begreifen können. Man braucht bei Weitem kein spiritueller Mensch zu sein, um diese magischen und irrationalen Verwandtschaften zu empfinden, in die wir an allen Ecken und Enden verstrickt sind. Wir sollten beginnen, es uns zur Gewohnheit zu machen, ein wenig mehr Licht in das Dunkel all dieser Verstrickungen zu bringen, denn wir haben durch unseren Lebensstil einen gewaltigen Anteil daran, ob es anderen Lebewesen gut oder schlecht geht. Wir tragen eine Verantwortung dafür, wie wir uns durch diese Welt bewegen, insbesondere dadurch, dass wir in den westlichen Ländern der Erde ein so privilegiertes Leben führen können.

Wenn ich weiter über einen zukünftigen Aktivismus nachdenke, erscheint es mir wichtig, dass wir uns von der Vorstellung einer Welt verabschieden, die bis ins Kleinste versteh-, beherrsch- und berechenbar ist. Wir sollten es der Welt zukünftig viel eher zugestehen, als etwas Magisches und Geheimnisvolles in Erscheinung zu treten, denn dazu lädt uns selbst die naturwissenschaftliche Betrachtung der Welt ja eigentlich ein, indem sie an den Grenzen des Erkennbaren auf immer komplexere, unverständlichere und seltsamere Zusammenhänge trifft. Albert Einstein äußerte sich in diesem Sinne, als er sagte:

> Das Schönste, was wir erleben können, ist das Geheimnisvolle. Es ist das Grundgefühl, das an der Wiege von wahrer Kunst und Wissenschaft steht. Wer es nicht kennt und sich nicht mehr wundern, nicht mehr staunen kann, der ist sozusagen tot und sein Auge erloschen. Das Erlebnis des Geheimnisvollen – wenn auch mit Furcht gemischt – hat auch die Religion gezeugt. Das Wissen um die Existenz des für uns Undurchdringlichen, der Manifestationen tiefster Vernunft und leuchtendster Schönheit, die unserer Vernunft nur in ihren primitivsten Formen zugänglich sind, dies Wissen und Fühlen macht wahre Religiosität aus; in diesem Sinn und nur in diesem gehöre ich zu den tief religiösen Menschen.[16]

Die Überwindung des bürgerlichen Aktivismus

Eigentlich ist es doch ganz einfach: wenn die Konzepte von Aktivismus, wie wir sie zum Großteil noch aus den 1980er Jahren kennen, funktionieren würden, würden wir heute nicht vor diesen ökologischen Wahnsinnsproblemen stehen. Das ist eine ganz einfache Sache, die uns ohne komplizierte Analysen deutlich vor Augen stehen sollte. Da nützt es auch nichts, die vielen Erfolge und sensibilisierenden, bewusstseinsschaffenden Aspekte der aktivistischen Arbeit der vergangenen Jahrzehnte zu loben oder darauf hinzuweisen, wie schwierig und komplex unsere Ausgangssituation nun einmal heute ist. Oder wie gleichgültig, bequem und moralisch verlottert der Mensch an sich ist – uns selbst einmal ausgenommen. Zumindest bedenkenswert scheint mir heute in diesem Zusammenhang das weitverbreitete Dogma, die Menschen nicht mit ihrem oft unverhältnismäßigen und zerstörerischen Konsum konfrontieren zu dürfen, sondern sie lieber durch eigenes, ethisch orientiertes Handeln behutsam zur Nachahmung zu animieren und sie so über ihre intrinsische Motivation zu einem ökologisch verträglichen Lifestyle zu verführen. Wir sind schließlich frei und selbstbestimmt zu tun und zu lassen, was wir wollen, und lassen uns nur ungern etwas sagen, das haben wir innerhalb unserer Rechtsordnung offenbar so miteinander vereinbart. Und wer bestimmt es schließlich, was unverhältnismäßig oder zerstörerisch ist und was nicht?! Die Logik, Menschen durch vorbildliches Verhalten zu inspirieren, hat bisher allerdings eher bedingt bei nur sehr wenigen Menschen funktioniert, so wünschenswert es auch sein mag, da es die einzige Möglichkeit nachhaltiger Überzeugung zu sein scheint. Sind wir vielleicht zu freundlich? Ist es eine kulturelle Errungenschaft, so wertschätzend und behutsam miteinander umzugehen? Oder stilisieren wir uns oft selber in unserer Freundlichkeit und sind ganz einfach konfliktscheu? Fehlt es uns vielleicht an einer ehrlichen Streitkultur? Brauchen wir ein ganz neues Konzept von Freundschaft, in dem wir uns viel direkter sagen können, was wir voneinander halten, ohne uns dabei gleich grundsätzlich abgewertet und verletzt zu fühlen? Ich möchte an dieser Stelle nicht missverstanden werden: Ich sage nicht, dass wir mit den Möglichkeiten des klassischen Aktivismus nicht Gutes geleistet haben, Leid gelindert, Leben gerettet und Bewusstsein geschaffen haben. All dies ist wichtig und stellt eine solide Grundlage da, auf der wir aufbauen können. Es besteht an dieser Stelle auch kein versteckter Widerspruch, wenn ich behaupte, dass der heutige Aktivismus in verschiedenen Aspekten Teil unseres Problems ist.[17] Es ist natürlich sinnvoll, nicht nur auf mögliche Probleme hinzuweisen, sondern auch aufzuzeigen, welche Bezugspunkte zum bestehenden Aktivistischen als noch brauchbar hervorzuheben sind, wenn es um eine zukunftstaugliche Form von Aktivismus gehen soll. Manches im klassischen Aktivismus hat sich aber überlebt und muss sich in Anbetracht unserer ungewöhnlichen Situation sehr grundlegend hinterfragen lassen. Unser konventioneller Aktivismus muss in die Badewanne mit Haarewaschen, zum Friseur und anschließend zum Arzt. Schließlich geht es heute nicht mehr um kleinere Veränderungen im Bestehenden: es geht viel eher um eine zivilisatorische

Kehrtwende. Die etablierten NGOs im Bereich der Ökologie sind zu großen Institutionen geworden, deren Innovationspotential vermutlich wie alles andere irgendwann unter die Räder gekommen ist, weil es sich nach den durchschnittlichen, ästhetischen und inhaltlichen Bedürfnissen einer von Marketing-Leuten vermuteten öffentlichen gesellschaftlichen Mehrheit und öffentlichen Meinung hin orientiert hat.[18] Anschlussfähig an die gesellschaftliche Mitte zu sein, ist politisches Ziel vieler NGOs. Doch wenn man sich den vermuteten Mehrheiten und deren Wünschen und Meinungen anzupassen versucht, kommen (vielleicht) mehr Spendengelder und Mitglieder heraus, aber eben niemals etwas wirklich Brauchbares. Dafür aber ein immer gleich anmutendes, langweiliges Mittelmaß. Dieses Mittelmaß erscheint vielen Menschen allerdings besser als die Möglichkeit, unrealistischen Ideen nachzuhängen, ohne die Menschen mitzunehmen, denn schließlich möchte man etwas bewirken. Anschlussfähigkeit, gesellschaftliche Akzeptanz ist offenbar nicht völlig unwichtig, denn wer mit seinen Unternehmungen nicht über einen gewissen Etat verfügt, ist eben sehr schnell aus dem Rennen ums bürgerliche Engagement und kann somit diese Fragen der Zeit nicht mitgestalten; so lautet zumindest ein weitverbreitetes Narrativ. Kleine Schritte im Bestehenden zu tun, verträgt sich aber nicht mehr mit den Herausforderungen, die der Klimawandel heute samt seinen Krisen im Schlepptau mit überdeutlicher Dringlichkeit an uns stellt. Der Kompromiss zwischen nötiger Innovation und gesellschaftlicher Anschlussfähigkeit scheint bis heute, zumindest oberflächlich betrachtet, ein schwer lösbares Dilemma zu sein, auf welches man häufig auch in politischen Zusammenhängen trifft. Es löst sich aber nahezu auf, wenn man in Erwägung zieht, dass der Wille, die Welt zu gestalten, gar nichts mit der Größe einer Institution oder gesellschaftlichen Mehrheiten zu tun haben muss. Als Künstler kann ich für mich sagen, dass mich die öffentliche Meinung, die Realität und das Offenkundige noch nie interessiert haben. Die wirklich interessanten Fragen werden in meiner Sicht der Dinge nicht von der Politik, gesellschaftlichen Mehrheiten oder finanzstarken Unternehmen gestaltet. Ich möchte behaupten, dass die Mächtigen nicht unbedingt die Mächtigen sind, für die wir sie oftmals halten. Oder sie sind es eben nur in einer sehr oberflächlichen Betrachtung, die sich in erster Linie auf finanziellen Einfluss und messbare Daten beschränkt. So kann es durchaus vorkommen, dass es sehr einflussreiche Menschen oder Institutionen gibt, die kaum etwas bewegen, wenn man sie im Rückblick genauer betrachtet und versucht, ihren Einfluss historisch einzuordnen. Darüber hinaus bewirken die als Prototypen einflussreicher, weißer Männer geltenden CEOs und Politiker immer auch eine Stärkung des Gegenteiligen von dem, wofür sie selbst stehen. Sie stärken die Gegenentwürfe des Bestehenden und rufen eine sich vorerst im wenig Sichtbaren formierende Opposition auf den Plan, die zu einem späterem Zeitpunkt vielleicht einmal eine sehr wichtige gesellschaftliche Rolle spielen wird. Solche Zusammenhänge sind uns nicht immer bewusst und oftmals bleiben sie für längere Zeit unsichtbar oder lassen sich nur erahnen; dennoch gibt es sie und sie entfalten überall ihre Wirkung. Grundsätzlich bin ich bis heute meinen Vorurteilen gegenüber den großen NGOs treu geblieben. Ich wünsche mir von diesen zukünftig mehr Mut zum Unpopularen und Innovativen auch oder gerade bei wenig gesellschaftlicher Akzeptanz der verhandelten Themen. Ich wünsche mir auch deren klarere Abgrenzung zu den Bereichen der Politik und Ökonomie, auch wenn ich eine prinzipielle Dialogbereitschaft natürlich erst einmal für etwas Gutes halte. Ich denke, man sollte in diesen Fragen des Dialoges aber überaus wachsam sein und sich ihr gegenüber zumindest eine gewisse Ambivalenz bewahren.

Zweiter Teil

Lineares Verstehen und intuitives Begreifen

Wo das Chaos auf die Ordnung trifft,
gewinnt meist das Chaos, weil es besser organisiert ist.

Friedrich Nietzsche

Der wissenschaftliche Blick

Das konservative, eher der politischen Rechte zugeordnete Denken ist in aktivistischen Zusammenhängen traditionell eher selten anzutreffen. Der klassische Aktivismus ist auch viel eher für seine linkspolitische und wissenschaftliche Ausrichtung bekannt als für seine poetischen oder spirituellen Sichtweisen. Das war einmal anders, wenn wir uns zum Beispiel die Gründungsphase von Greenpeace ansehen, in der das *Yì Jīng Orakel/Das Buch der Wandlungen* noch ernsthaft für das Fällen wichtiger Entscheidungen befragt und nach dessen Ergebnissen gehandelt wurde.[19] Eine solch unwissenschaftliche Herangehensweise ist heute undenkbar und ich möchte auch nicht dafür plädieren, zu dieser Form des Spirituellen zurückzukehren, denn es hatte vermutlich eher etwas mit Aberglaube oder magischem Denken zu tun als mit einer tieferen Beschäftigung mit solch spirituellen Techniken. Dennoch ist eine Rückbesinnung auf eine erweiterte Sichtweise auf unsere globalen Problemstellungen im Sinne einer spirituellen Einbettung nötig. Greenpeace hat heute dasselbe Schicksal ereilt wie die grünen Parteien: die Impulse der Gründungsphase solcher Initiativen sind durch Rationalisierung und durch das über alles gepriesene Anschlussfähigkeitsdogma ihrer Wildheit und Innovationskraft beraubt. Heute sind wir es gewohnt, unsere Welt und uns selbst hauptsächlich auf rationale Weise zu begreifen. Wir alle sind von rationalen, wissenschaftlichen Sichtweisen geprägt und können ihnen kaum entkommen. Eine zuverlässige Landkarte oder einen rationalen Plan zu haben, ist ja auch wichtig; man sollte eine Landkarte aber bekanntlich nicht mit dem Territorium verwechseln, auf dem man sich bewegt. Davon abgesehen ist die noch immer über weite Strecken hoch gepriesene, moderne und rationale Kultur, die unsere heutige, technologische Kultur hervorgebracht hat, sehr viel irrationaler als wir es uns oft zugestehen.

Naturwissenschaft sieht heute sehr genau auf die bloß messbaren physikalischen und biologischen Faktoren der ökologischen Zusammenhänge und versucht so, zu verstehen, welche Parameter ursächlich zu welchen Veränderungen in der Natur führen. Das gilt auch und besonders für die Betrachtung der Klimakrise. Aber an den Rändern des rational Verständlichen lauert immer auch die schaurig-schöne Welt des Irrationalen und des Chaos. Die Naturwissenschaften haben uns ohne Frage sehr schnell in schwindelerregende Höhen katapultiert, sie haben uns im globalen Norden beeindruckende Technologien und soziale Fortschritte beschert. Sie haben uns zum Beispiel das berühmte Smartphone beschert, einen Supercomputer im Taschenformat, auf den heute niemand mehr verzichten mag. Was bei der Entwicklung all unserer Technologien allerdings nur selten mitbedacht oder eingepreist wurde und wird, sind die enormen ökologischen und sozialen Kosten, die auf diesen Techniken meist unsichtbar und für die Konsumenten oft schwer nachvollziehbar lasten – eigentlich nicht gerade besonders smart. Auch die in beinahe allen technischen Geräten, die wir heute kaufen, bewusst geplante und verbaute Obsoleszenz gehört zur negativen Bilanz unserer Zeit. Unsere stillschweigende Akzeptanz dieser versteckten Lasten auf Kosten der Natur und jenen Menschen gegenüber, die diese Produkte für uns herstellen, setzt sich in unseren kulturellen Handlungsmustern fest und senkt unsere moralischen Hemmschwellen. Über die Zeit potenzieren sich solche verschleppten Ungerechtigkeiten ökologisch und sozial, aber auch in Bezug auf unsere seelische Gesundheit und führen uns immer tiefer in die Krisen, mit denen wir uns heute immer klarer konfrontiert sehen. Hierzu der französische Philosoph und Soziologe Bruno Latour:

> Wie kann ein Modernisierungsprojekt für ›realistisch‹ gelten, das seit zwei Jahrhunderten ›vergessen‹ hat, die Reaktionen der Erdkugel auf die menschlichen Aktionen vorauszusehen? Wie kann man bereitwillig Wirtschaftstheorien als ›objektiv‹ bezeichnen, die sich als unfähig erweisen, in ihren Kalkulationen die wachsende Knappheit der Ressourcen einzubeziehen, wo doch gerade eines ihrer Ziele darin bestand, deren Auszehrung vorauszuberechnen? Wie lässt sich in Bezug auf technische Systeme von ›Effizienz‹ sprechen, wenn diese außerstande sind, in ihre Pläne mit aufzunehmen, was mehrere Jahrzehnte überdauert? Wie konnte man ein Ideal der Zivilisation als ›rationalistisch‹ bezeichnen, das sich eines so gewaltigen Prognosefehlers schuldig gemacht hat, dass es Eltern nun verwehrt ist, ihren Kindern eine lebbare Welt zu übergeben?[20]

Bruno Latour weist in diesem Zusammenhang auch darauf hin, dass es unstattlich ist, den sogenannten einfachen Leuten vorzuwerfen, den heutigen wissenschaftlichen Fakten keine Bedeutung mehr zuzugestehen. Bevor ihnen dieser Vorwurf gemacht wird, sollte klargestellt werden, dass eben jene einfachen Leute zuvor mit der Argumentation der rationalen Fakten in großem Stil verraten wurden und heute vor einem Scherbenhaufen von Planeten stehen.

Naturwissenschaftliches Erkennen ist also gut, oft aber nicht gut genug, insbesondere wenn Aspekte, die der Maximierung von Profit entgegenstehen, schlicht und ergreifend ignoriert und verschleiert werden; es braucht eben immer auch eine ethische Einbettung unseres Handelns. Davon einmal abgesehen braucht es auch einen offenen Blick für die mannigfaltigen Rätsel und Wunder, die uns tagtäglich umgeben, für die mystischen und poetischen Dimensionen des Lebens. Denn eine rein wissenschaftliche Sichtweise wird vor allem dann zum Problem, wenn der Blick auf die Welt zu mechanistisch und der beobachtete Sachverhalt, über den man etwas erfahren möchte, zu komplex wird. Und bei genauerer Betrachtung ist die Welt, die uns umgibt, an allen Ecken und Enden sehr schnell sehr komplex. Die Filmemacherin, Pädagogin und Autorin Nora Bateson spricht in einem Online-Gespräch von der Komplexität unseres Lebens, die wir genauer verstehen und erkunden sollten, von einer Vielschichtigkeit, von der wir uns verführen und in eine ganz neue Welt tragen lassen können.[21] Sie erwähnt diesem Gespräch das William Blake-Zitat »A tear is an intellectual thing«[22]. Wir können die ganze Welt an diesem schönen Zitat aufhängen. Wir sind uns vielleicht erst einmal sicher, dass eine Träne viel eher eine emotionale als eine intellektuelle Sache ist. Bei genauerer Betrachtung ist eine Träne aber eben auch eine intellektuelle Angelegenheit, denn unser Intellekt hat großen Einfluss auf unsere Emotionen. Eine Träne ist natürlich auch eine überaus physische Angelegenheit; sie hat, wie Nora Bateson aufzeigt, aber auch etwas mit zwischenmenschlichen Beziehungen zu tun. Wenn wir diese Komplexität nicht überall finden können, geraten wir in eine mechanistische Sichtweise der Welt und wir übertragen diese problematische Sichtweise auch auf uns selbst. Wir erleben diese Sicht der Dinge auf die Spitze getrieben und in all ihrer Absurdität in den Unsterblichkeits-Phantasien des Transhumanismus. Postaktivismus ist gewissermaßen der diametral entgegengesetzte Blick auf das Leben im Vergleich zu den Visionen des Transhumanismus, der digitalen Welt eines Metaversums und dem Versprechen der technischen Lösung all unserer Probleme. Technischer Fortschritt ist eben kein Ziel, das es um seiner selbst willen zu verfolgen gilt, und in Anbetracht unserer heutigen Situation sollte man sich die Frage stellen, ob wir die uns anvertraute Natur durch eine alle Bereiche des Lebens durchziehenden Technologie ersetzen wollen oder ob wir versuchen wollen, das Viele an Leben zu erhalten, was heute trotz widriger Umstände noch immer da ist und was wir unsere Heimat nennen. Man muss es sich immer wieder vor Augen führen, wie absurd es ist, dass sich einige reiche Spinner mit aufwendig konstruierten Raumschiffen – die in ihrer Klimabilanz eine Spur der Zerstörung hinterlassen – auf die Erkundung »erdnaher« Planeten begeben, während wir einen so wunderbaren Planeten wie die Erde, die in all ihrem Reichtum und in all ihrer Vielfalt so vollkommen auf unsere Bedürfnisse abgestimmt ist, schlicht und einfach der Zerstörung überlassen. Und man muss sich fragen, was mit unseren westlichen Rechtssystemen nicht stimmt, dass solche kriminellen Ideen wie die eines Weltraumtourismus' zum Mond und deren Umsetzung überhaupt möglich zu sein scheinen. Eine echte Verbundenheit mit der Natur geht oftmals mit einem größeren Engagement für diese einher. Wir leben nicht mehr auf dieselbe Weise in Einklang mit der Natur, wie es zu früheren Zeiten Normalität war, als wir Menschen Jägerinnen und Sammler waren und als Hirten und Gärtnerinnen in überschaubarer Subsistenzwirtschaft zusammenlebten. Über die Säkularisierung und die industrielle und technische Revolution sind wir in relativ kurzer Zeit im Zeitalter der Wissenschaftlichkeit und des Digitalen angekommen. Wir haben uns die Natur zum Untertan gemacht, allerdings auf eine nicht sehr rücksichtsvolle Weise. Diese Verbundenheit mit der Natur muss man bewusst herstellen, sie entsteht heute nicht mehr von selbst, da wir uns von der Natur losgelöst, man könnte auch sagen, in vielerlei Hinsicht entfremdet haben. Sie entsteht garantiert nicht, wenn wir uns auf die Suche nach neuen, bewohnbaren Planeten begeben.

Deep Adaptation

Wir wissen heute, dass die als eher konservativ geltenden Prognosen des Weltklimarates (IPCC) die tatsächlichen Veränderungen der Natur durch die Erderwärmung tendenziell unterschätzen. Die Veränderungen geschehen beinahe ausnahmslos viel schneller, als wir es aus wissenschaftlicher Sicht erwartet haben. Hinzu kommt, dass klimatische Veränderungen in vielen Bereichen zusätzlich mit verschiedenen Unsicherheitsfaktoren behaftet sind, die wir nur schwer berechnen können, da ökologische Krisen nur selten nach linearen Mustern ablaufen. Sogenannte Kipp-Punkte innerhalb unterschiedlicher Ökosysteme erschweren die genauere Analyse ökologischer und gesellschaftlicher Auswirkungen. Die Ziele des berühmten Pariser Klimaabkommens von 2015 werden in Bezug auf das Ausmaß der Krise weiterhin viel zu halbherzig umgesetzt und auch die vielen Initiativen von Aktivistinnen und Aktivisten, denen der Vereinten Nationen und der internationalen Klimapolitik werden nicht annähernd ausreichen, um wirklich die grundlegenden Veränderungen zu bewirken, die es eigentlich bräuchte. Dennoch sollte selbstverständlich nichts unversucht bleiben, denn auch kleine Schritte sind sinnvoll, wenn sie denn tatsächlich eine Wirkung entfalten sollen, die nicht von tückischen Rebound-Effekten wieder kassiert werden. Letztlich ist das Bild, was sich uns in all seiner beunruhigenden Komplexität bietet, zu groß, um sichere Voraussagen machen zu können, was uns die Zukunft beschert. Man kann aber sicherlich sagen, dass unser gemeinsames Haus durch den zunehmenden und kontinuierlichen, weltweiten Zerstörungswillen in vielerlei Hinsicht spürbar ins Wanken geraten ist.

Jem Bendell legte 2018 mit seinem Bericht zur »Deep Adaptation/Tiefenanpassung«[23] eine Art Meta-Studie zum Klimawandel vor. Er fasst in seiner Abhandlung die neuesten wissenschaftlichen Erkenntnisse zusammen, was mit dem Klimawandel global betrachtet für konkrete Veränderungen auf uns zukommen werden. Er schildert jene Krisen-Szenarien, die uns heute bereits mehr oder minder aus (populär-)wissenschaftlichen Medien und Prognosen vertraut sind und die tatsächlich künftig noch viel drastischer anhand von Überschwemmungen, Dürren, weiteren Wetterextremen, Übersäuerung der Meere, Verlust der Artenvielfalt, Migration und daraus resultierenden gesellschaftlichen Konflikten auf uns zukommen werden. Es ist seltsam, diesen Bericht zu lesen, denn obwohl wir mitten in einer vielschichtigen ökologischen

Krise stecken, kommen uns solche Berichte über weite Strecken noch immer unwirklich vor. Es ist noch immer verdächtig ruhig vor unserer Haustür, vieles scheint noch so oder zumindest so ähnlich zu sein wie gewohnt. Was uns laut Bendells Bericht als erstes treffen könnte, wenn unsere international sensibel aufeinander abgestimmten Versorgungssysteme ins Wanken geraten, sind Engpässe in der Bereitstellung von Lebensmitteln und Trinkwasser. Das weitaus schlimmste Szenario, das Bendell in seinem Bericht ins Spiel bringt, ist der atomare Super-GAU.[24] Dieses Worst-Case-Szenario scheint mir aus meinem laienhaften Blickwinkel heraus zumindest nicht vollkommen ausgeschlossen. Im Ideal handelt man in solch einem Fall nach dem Vorbeugeprinzip und versucht so schnell und nachhaltig wie möglich, aus diesem System auszusteigen, bevor einem diese schwer beherrschbare und radioaktiven Müll produzierende Technologie um die Ohren fliegt. Bendell gibt mit seiner Zusammenfassung der aktuellen wissenschaftlichen Prognosen und Statistiken einige wertvolle Hinweise darauf, welche Herausforderungen aus Sicht der Wissenschaft auf unsere Gesellschaften zukommen werden und welche Fragen zukünftig von Relevanz sein werden, wenn es darum geht, ganz persönlich und gesellschaftlich mit solch existenziellen Krisen umzugehen. Er erarbeitete die Strategie für eine sogenannte Tiefenanpassung unserer Gesellschaft und skizzierte dabei drei Bereiche.

Der erste Bereich ist der der Resilienz, vor allem auch bezogen auf unsere psychologische Widerstandskraft, anstatt der Verkürzung auf rein physische Anpassungsleistungen:

> Auf der Suche nach einem konzeptionellen Wegweiser für ›Tiefenanpassung‹ können wir uns die Resilienz der menschlichen Gesellschaften als die Fähigkeit vorstellen, sich an veränderte Umstände anzupassen, um mit anerkannten Normen und Verhaltensweisen zu überleben. Da Analysten zu dem Schluss kommen, dass ein gesellschaftlicher Zusammenbruch unvermeidlich ist, stellt sich die Frage: Welches sind die anerkannten Normen und Verhaltensweisen, die menschliche Gesellschaften beibehalten wollen, wenn sie ums Überleben kämpfen?[25]

Des Weiteren führt er in seiner Agenda einer Tiefenanpassung den Punkt des **Verzichts** an:

> Es geht darum, dass Menschen und Gemeinschaften bestimmte Vermögenswerte, Verhaltensweisen und Überzeugungen loslassen, bei denen die Bindung an diese die Situation verschlimmern könnte. Beispiele dafür sind das Verlassen der Küstengebiete, die Schließung besonders kritischer Industrieanlagen oder das Aufgeben der Erwartungen an bestimmte Arten von Konsum.[26]

Als dritten Punkt spricht Bendell über die **Wiederherstellung** dessen, was wir zurück bringen können, um mit den kommenden Krisen und Tragödien fertig zu werden:

> Es geht darum, dass Menschen und Gemeinschaften die Einstellungen und Ansätze zum Leben und Organisieren wiederentdecken, die unsere auf Kohlenwasserstoffen basierende Zivilisation zerstört hat. Beispiele dafür sind die Renaturierung von Landschaften, sodass sie mehr ökologische Vorteile bieten und weniger Pflegemaßnahmen erfordern, die Rückbesinnung auf Jahreszeiten, die Wiederentdeckung nicht-elektronisch betriebener Formen des Spiels sowie eine höhere Produktivität und Unterstützung auf kommunaler Ebene.[27]

Zusammenfassend beschreibt Bendell die Zielrichtung seines Konzeptes einer Deep Adaptation Agenda mit den folgenden Worten:

> Es ist nicht meine Absicht, in diesem Papier spezifischere Auswirkungen einer Agenda der Tiefenanpassung darzustellen. In der Tat ist es unmöglich, dies zu tun, und der Versuch, es zu tun, würde davon ausgehen, dass wir uns in einer Situation befinden, in der es um berechenbare Managementmaßnahmen geht, obwohl wir mit einer komplexen Situation konfrontiert sind, die außerhalb unserer Kontrolle liegt. Vielmehr hoffe ich, dass die Tiefenanpassungsagenda von Resilienz, Verzicht und

Wiederherstellung einen nützlichen Rahmen für den gesellschaftlichen Dialog im Hinblick auf den Klimawandel bilden kann. Resilienz stellt uns die Frage: »Wie behalten wir, was wir wirklich behalten wollen?« Verzicht stellt uns die Frage: »Was müssen wir loslassen, um die Situation nicht zu verschlimmern?« Wiederherstellung stellt uns die Frage: »Was können wir wieder zurückbringen, damit wir mit den kommenden Schwierigkeiten und Tragödien fertig werden?«[28]

Die spirituelle Sicht auf den Klimawandel

Was in unseren analytischen Diskursen über die Erderwärmung oft fehlt, ist ein genauerer Blick auf das, was sich gegenwärtig jenseits der naturwissenschaftlichen, technologisch gerahmten Geschichten an Sichtweisen auf den Klimawandel formuliert. Dabei ladt uns der ganzheitliche oder holistische Blick auf uns selbst und die Welt zu realistischeren und entschieden kreativeren Handlungsmöglichkeiten in Bezug auf die Klimafrage ein als der eher technische Blick auf das Leben. Ich möchte als Beispiel dafür, wie wichtig ein erweiterter Blick auf die Welt ist, ein Zitat aus einem Interview mit dem Ökologen, Philosophen und Autor David Abram anführen, in dem er über ein Thema spricht, das uns allen näher ist als alles andere: der menschliche Atem.

> Sprache ist nach allgemeiner Auffassung nichts anderes als geformter Atem; das heißt, wir sprechen nur, indem wir etwas von diesem unsichtbaren Medium Luft einatmen, es in unsere Lungen aufnehmen und dann ausatmen. Und während wir ausatmen, formen wir es mit unserer Zunge, unseren Lippen und unserem Gaumen, lassen es ein paar Falten in unserer Kehle vibrieren und lassen unsere Worte in die Welt hinausklingen. Ich weiß nicht, ob es den Leuten aufgefallen ist, aber wir sprechen nur mit dem Ausatmen. Wir sprechen nie beim Einatmen,

> denn das klingt nicht sehr gut. Es ist sehr schwer, beim Einatmen zu sprechen. [...] Die mündlichen Traditionen auf der ganzen Welt haben erkannt, dass die Sprache aus dem Atem geformt ist und dass der Atem die Luft ist, die meine Worte zu deinen Ohren oder deine Worte zu meinen Ohren trägt; das heißt, die Luft, dieses unsichtbare Geheimnis, das Medium, in das wir körperlich eingetaucht sind, ist das eigentliche Medium der Bedeutung. Sie ist der Ort, an dem alle Bedeutung lebt. Sogar die Stimmen unserer Vorfahren, wenn sie einmal verstorben sind, verweilen noch hier in der Luft. Es ist der eigentliche Ort der Geister. Es ist dieses höchst magische Element, denn wir sehen, dass wir nicht handeln, nicht sprechen und nicht einmal denken können, ohne diese unsichtbare Substanz ständig in uns aufzunehmen. Und so ist die Luft für eine zutiefst mündliche Kultur das Geheimnis aller Geheimnisse.[29]

Die Luft, der Atem wird in den von westlichen Werten geprägten Kulturen aber gern als etwas völlig anderes verstanden als eine magische Substanz, nämlich als eine Art leerer, passiver Raum, der als Trägersubstanz für Strahlungen und Schwingungen unserer seltsamen Technologien fungiert. All die Abgase unserer Kraftwerke, Autos und Flugzeuge werden ohne Bedenken in diesen heiligen Raum entsorgt. Es geht bei solchen Fragen der Nutzung dieses Raumes meist um finanzielle Interessen und weniger um einen respektvollen Umgang mit einem heiligen Ort. Dazu noch einmal David Abram:

> Indem ich diese tiefen, uralten Verbindungen zwischen Geist und Wind aufzeige oder uns daran erinnere, versuche ich natürlich keineswegs, das Mysterium des Geistes auf den Wind zu reduzieren, sondern vielmehr unsere Wahrnehmung des Windes und des Atems und der Luft als etwas irreduzibel Seltsames und reichhaltig Mysteriöses, zutiefst Magisches und Bedeutungsvolles zu erweitern: dieses bedeutungsvolle Plenum, in das wir körperlich eingetaucht sind und von dem wir ständig trinken, um unsere Herzen und unser Bewusstsein zu beleben. Mir scheint, dass eine sehr interessante Art, den Klimawandel zu betrachten, darin besteht,

> zu erkennen, dass der Klimawandel die einfache Folge davon ist, dass wir die Heiligkeit des unsichtbaren Mediums vergessen und beginnen, es einfach als leeren Raum zu behandeln. Weil es unsichtbar ist, sind wir im modernen Kontext zu der Annahme gelangt, dass es dort nichts Bedeutendes gibt. Wir können es nicht sehen, also ist es nur eine Leere. Und so ist es ein perfekter Ort, um alles wegzuwerfen, was wir vermeiden wollen. All die giftigen Nebenprodukte unserer Industrien können wir einfach in die unsichtbare Luft werfen. Und was auch immer sich als Rauch verflüchtigt und im Unsichtbaren auflöst – wir denken ›aus den Augen, aus dem Sinn‹. Wir haben die Luft als bequeme Müllhalde oder als offene Kanalisation für unsere Industrieabfälle behandelt. Der Klimawandel ist die einfache Folge des Vergessens der Heiligkeit dieses Mysteriums, in das wir körperlich eingetaucht sind.[30]

Solch ein Blick auf das Leben ist deshalb so wichtig, weil er uns die wirkliche und um vieles tiefer liegende Dimension des Klimawandels enthüllt. Anhand des für uns erst einmal unsichtbaren Atems, der uns umgebenden Luft können wir exemplarisch verstehen, wo unser Problem liegt: in unserer Sichtweise auf die uns ständig umgebende, lebenspendende Natur. Es geht deshalb ganz ausdrücklich nicht um das Entwickeln grüner Technologien, sondern darum, unsere Haltung gegenüber der Natur, deren untrennbarer Teil wir sind, sehr grundlegend zu verändern. Denn was in dem oben genannten Zitat von David Abram über den Atem gesagt wird, gilt für alle Bereiche der Natur. Wir können das Beispiel ebenso gut auf unsere Meere, unser Land, unsere Wälder und Tiere aber auch auf unsere Verhältnisse zu unseren Mitmenschen anwenden. Dieses Grundproblem zu verstehen, ist Postaktivismus. Es geht darum, zu verstehen, wie grundsätzlich wir die Kultur unseres Zusammenlebens verändern müssen. Hin und wieder werden solche spirituelle Sichtweisen und Erfahrungen zwar wohlwollend als Randnotiz erwähnt, aber eher als verzweifelt anmutender Eskapismus einer um Halt ringenden, esoterischen Gemeinschaft interpretiert. Auf solch eine Haltung trifft man immer wieder: ganzheitliche Sichtweisen, spirituelle Rituale, meditative Techniken und Gebete, aber auch indigene Kosmologien werden als inspirierend zwar wertgeschätzt, wenn es aber darum geht, ein handfestes Problem wie den Klimawandel zu lösen, stützt man sich lieber auf Zahlen und Fakten anstatt folkloristisch anmutenden Ritualen eine tatsächliche Wirkung zuzugestehen. Alternative Sichtweisen gehören für viele Menschen eben noch immer in den Bereich des Schöngeistigen, der Mythen und der Philosophie, haben aber nur bedingt etwas mit der Wirklichkeit zu tun. Eine solche Haltung ist nicht nur überheblich, sondern sie verkennt auch die Wirksamkeit von kontemplativen Techniken, Kunst, Philosophie und Poesie, die in ihren feineren Nuancen alles durchdringen, was wir Wirklichkeit nennen. (Ich möchte Jem Bendell einmal vom Verdacht der Überheblichkeit ausnehmen, auch wenn er sich in seiner Deep Adaptation Agenda auf die rein wissenschaftliche Sicht auf die Krise beschränkt, denn in einem Gespräch mit Charles Eisenstein kann man ihn als sehr offen und interessiert an dessen eher spirituellen Sichtweisen erleben.)[31] Dabei gibt es den spirituellen Blick auf das Leben im Grunde genommen so lange wie es uns Menschen gibt und auch heute findet man in der Yoga-Kultur oder innerhalb indigener Kulturen den Begriff eines spirituellen Aktivismus, an welchen man den des Postaktivismus problemlos anknüpfen kann. Der wissenschaftliche Blick auf das Leben ist im Vergleich zu mystischen Perspektiven auf das Leben dabei gar nicht so alt, dennoch hat uns die materialistische Sicht auf unsere Welt innerhalb von nur 500 Jahren an den Rand der Zerstörung unseres Planeten geführt. Der Durchgang durch das Zeitalter der Wissenschaftskultur mit all ihrem Mess- und Zählbaren, ihrem Verifizier- und Falsifizierbaren hat uns menschheitsgeschichtlich und emanzipatorisch dabei durchaus sehr weit vorangebracht. Ohne die grundsätzliche Erkenntnis, dass das Leben aber nicht nur berechenbar, sondern auch chaotisch und rätselhaft ist, können wir den sich vor unseren Augen auftürmenden Krisen heute aber nicht mehr begegnen. Postaktivismus steht an genau diesem Punkt in der Geschichte, an dem sich in den kommenden zwei bis drei Jahrzehnten entscheiden wird, ob diese Zivilisation weiter Bestand haben kann und an dem die für einen Neuanfang stehende Generation Alpha[32] auf den Plan tritt. Wir waren lange genug mit den messbaren und praktischen Dingen des Lebens beschäftigt, lasst uns jetzt auf intelligente Weise wieder das Unpraktische, das Irrationale, das Langsame und Poetische feiern. Im Zuge der Beschäftigung mit Kunst und Poesie könnten uns potenziell völlig neue Wahrnehmungsorgane erwachsen, die uns ganz andersartige und überraschende Wege aufzeigen.

Das weitverbreitete Vorurteil gegenüber spirituellen oder esoterischen Ansätzen ist allerdings nicht ganz unbegründet und es ist zumindest zum Teil hausgemacht. Denn viele Menschen, die sich spirituellen Inhalten oder Techniken zuwenden, tun dies auf eine oft missionarische, aufdringliche, oberflächliche oder konsumistische Weise. Yoga wird in der westlichen Welt noch immer gern losgelöst von seinem philosophischen Hintergrund praktiziert und eher als ein Selbstoptimierungstool missverstanden. Wir leiern unsere Gebete noch immer oft mit übertriebenem Habitus in vielen unserer Kirchen herunter, nur weil es die Konvention so verlangt. Mit einem tiefen, tragenden Glauben hat dies oft wenig zu tun, und sobald Gott einmal laut in die Hände klatscht, laufen wir vermutlich schreiend weg. Und wer von uns ist nicht schon einmal einem im gesalbten Ton schwadronierenden Spirituellen begegnet (oder hat einen derartigen Tonfall erschreckender Weise an sich selbst festgestellt), bei dem man sich heimlich gewünscht hat, dieser hätte einmal kräftig auf den Tisch gehauen und dabei herzhaft einige heilsame Worte aus den Randgebieten menschlicher Ausdrucksweise in seine Kommunikation einbezogen. Eine allzu freundliche Art mit verdächtig vielen Ich-Botschaften stößt eben berechtigter Weise schnell einmal auf Skepsis beim wachsamen Gegenüber.

Geschichten erzählen

Felipe Viveros und Alnoor Ladha setzen sich als Vorstandsmitglieder der gemeinnützigen Organisation *Culture Hack Labs*[33] dafür ein, die gegenwärtig vorherrschenden kulturellen Narrative zu verändern, die Ungleichheit, Rassismus, Armut, Patriarchat und den ökologischen Zusammenbruch verursachen. In einem Essay in *The Correspondent* beschreiben sie unsere zerstörerische Kultur aus Sicht indigener Völker der Amazonasregion. In diesem Text wird aber auch folgende hoffnungsspendende Geschichte und Prophezeiung beschrieben:

> Aus Interviews mit indigenen Führern erfuhren wir von der Prophezeiung des Adlers und des Kondors, einer mächtigen Geschichte, die die Kulturen vieler Ureinwohner in Nord- und Südamerika durchdringt. Die Prophezeiung spricht davon, dass sich die menschliche Gesellschaft auf zwei Pfaden teilen wird, dem Adler (aus dem Norden) und dem Kondor (aus dem Süden) folgend. Der Adler steht für den Weg des Verstandes: für den Rationalismus, das Industrielle, das Männliche. Der Weg des Kondors ist der des Herzens, der Intuition, der Verbindung zur Erde, des Weiblichen. Die Prophezeiung des Adlers und des Kondors besagt, dass mit der Kolonisierung Lateinamerikas ab den 1490er Jahren eine Periode von etwa 500 Jahren begann, in der das Volk des Adlers so mächtig wurde, dass es das Volk des Kondors fast auslöschte. Dann kommt die nächste 500-Jahres-Periode, in der das Potenzial für den Adler und den Kondor entsteht, sich zu vereinen, am selben Himmel zu fliegen und eine neue Bewusstseinsebene für die Menschheit zu schaffen.[34]

Alnoor Ladha ist einer der Vordenker jener Klima-Bewegung, die einen ganzheitlichen Blick auf die Krise vertritt. Er beschreibt sich selbst als Mystiker und Anarchist und spricht über unsere Zeit mit einem kritischen Blick auf den konventionellen Aktivismus wie auch auf die spirituelle Szene, die seiner Ansicht nach immer wieder den Schritt in die gesellschaftspolitische Realität scheut, um sich stattdessen lieber um die eigene Erleuchtung zu kümmern. Ladha spricht davon, dass wir dazu aufgerufen sind, die beängstigenden Dinge, die uns begegnen, vertrauensvoll so zu akzeptieren wie sie nun einmal sind, während wir sie gleichzeitig hinterfragen und verändern sollten. Es gilt die Ursachen dessen zu verstehen, was uns in diese problematische Lage geführt hat, und diese Ursache ist auch für Alnoor Ladha der neoliberale Kapitalismus und der diesem zugrundeliegende Rationalismus; die dualistische Logik, die uns Menschen als von der Natur getrennt versteht. Ladha plädiert für eine Transformation unserer Welt in dem Sinne, eine Symbiose aus indigenem Wissen und den besten Aspekten der Moderne und deren Technologien zu schaffen. Der Mensch ist ein Wesen der Bilder, des Erzählens von Geschichten. Die Geschichte, die uns erzählt wird, die Geschichte in der wir leben, bestimmt unser Handeln und Sein und nur über unsere Vorstellung von dem, was wir für wirklich und wirkmächtig halten, können wir die Kultur unserer Trennung von der Natur nachhaltig verändern und überwinden.

Dritter Teil

Einige Fragen des Postaktivismus

Make the secrets productive.

Joseph Beuys

Der Netflix-Film *Don't Look Up*[35] zeichnet ein dystopisches Szenario vom Untergang der Welt, der durch den Einschlag eines Kometen verursacht wird. Der Komet ist offenbar der Klimawandel, der unaufhaltsam auf uns zurast. Wir finden unsere Gesellschaft mit all ihren Dummheiten, Lügen und Unfähigkeiten in nur leichter Überzeichnung vorgeführt. Bezeichnender Weise kommt diese Dystopie in Form einer Tragikomödie daher; vermutlich keine schlechte Annäherung an dieses eigentlich ernste Thema. Die Protagonisten ringen sich gegen Ende des Film zu der Erkenntnis durch, dass man sich im Angesicht einer unausweichlichen Krise schlussendlich der Realität der eigenen Auslöschung stellen sollte und kochen schlicht und einfach etwas Nettes zusammen. Sie finden sich beim gemeinsamen Essen und Trinken in bescheidener und vom Schicksal zusammengewürfelter Gemeinschaft wieder und reflektieren die einfachen Dingen des Lebens in melancholischer Retrospektive. Sie beten gemeinsam. Währenddessen flüchten die superreichen Eliten in einer Raumsonde von ihrem sich kurz vor der Zerstörung befindlichen Planeten auf der Suche nach einem neuen, brauchbaren Planeten ins Weltall, um dort eine neue Zivilisation zu gründen. Mit wenig Erfolg, wie man am Ende des Films auf überaus witzige Weise erfährt. Überträgt man dieses Szenario auf unsere Realität, stellen sich bezogen auf den Klimawandel etliche Fragen. Ein paar dieser Fragen könnten sein: Wie geht man emotional mit einer ganz realen ökologischen Krise, dem Ökozid unseres Planeten um? Was können wir tun, um der derzeitigen Zerstörung etwas entgegenzusetzen? Wie können wir die vielen Menschen überzeugen, sich zu verändern? Wie vereint, organisiert und mobilisiert man eine revolutionäre Bewegung? Wie vermittelt man solch einer Bewegung die Möglichkeit eigener Selbstwirksamkeit? Ist der Wunsch, etwas verändern zu wollen, überhaupt sinnvoll oder sollten wir die Zerstörung vielleicht sogar beschleunigen, um unnötiges Leid zu vermeiden? Geht uns das Ganze überhaupt etwas an? Ist es okay, sich gegenüber einem offenbar hoffnungslosen Unterfangen passiv zu verhalten? Ist Gewalt einem gewaltsamen System gegenüber legitim? Inwiefern? Wie verteidigt man sich gegen den Vorwurf, Mitglied einer radikalen ökologischen Gemeinschaft zu sein? Muss man sich überhaupt verteidigen oder ist es unter Umständen von Vorteil, als Spinnerin oder Spinner zu gelten? Es stellt sich aber wohl vor allem die Frage, wie man mit der absurden Tatsache umgeht, dass wir ja selbst die Protagonisten dieses Filmes sind, in dem wir im Angesicht des Klimawandels tatenlos in unseren gemütlichen Wohnzimmern sitzen und uns unsere eigene, eher ungemütliche Zukunft im Gewand einer Tragikomödie auf Netflix ansehen. Wir finden uns in der unwirklichen Situation wieder, im Angesicht einer sehr realen ökologischen Krise unserem eigenen Untergang in eben jenen Technologien/Unterhaltungsmedien zuzusehen, dank derer wir unter anderem überhaupt erst in diese problematische Situation geraten sind.

Ziviler Ungehorsam

Ich möchte beispielhaft noch einige weitere Fragen andeuten, die mir in Bezug auf unsere Situation und einen neuen Aktivismus als besonders relevant erscheinen. Eine Idee, welche wir in Zukunft vielleicht brauchen könnten und welche uns vor interessante Möglichkeiten stellt, ist die der berühmt gewordenen und seit einigen Jahren eine Renaissance erlebende Idee des Zivilen Ungehorsams.[36] Sich mit diesem Gedanken, wie ihn Henry David Thoreau formuliert hat, etwas genauer zu befassen, ist im Angesicht unserer Situation sicherlich hilfreich. Ziviler Ungehorsam stellt die Frage danach, was man sich von der herrschenden, politisch/demokratisch legitimierten Klasse gefallen lassen sollte und was nicht. Diese Ausgangslage eröffnet ein weites Feld an Fragestellungen und Sichtweisen. Der Philosoph Jürgen Habermas definiert die Frage nach dem Zivilen Ungehorsam auf prägnante und anwendbare Weise:

> »Ziviler Ungehorsam ist ein moralisch *begründeter* Protest, dem nicht nur private Glaubensüberzeugungen oder Eigeninteressen zugrunde liegen dürfen; er ist ein *öffentlicher* Akt, der in der Regel angekündigt ist und von der Polizei in seinem Ablauf kalkuliert werden kann; er schließt die *vorsätzliche Verletzung* einzelner Rechtsnormen ein, ohne den Gehorsam gegenüber der Rechtsordnung im Ganzen zu affizieren; er verlangt die Bereitschaft, für die rechtlichen *Folgen* der Normverletzung *einzustehen*; die Regelverletzung, in der sich ziviler Ungehorsam äußert, hat ausschließlich *symbolischen Charakter* – daraus ergibt sich schon die Begrenzung auf *gewaltfreie* Mittel des Protests.«[37]

Im Neuen Testament wird der Zivile Ungehorsam in einen ganz anderen Zusammenhang gestellt, da dort Gott nicht nur als Schöpfer, sondern als alleiniger Richter beschrieben wird:

> Jedermann sei untertan der Obrigkeit, die Gewalt über ihn hat. Denn es ist keine Obrigkeit außer von Gott; wo aber Obrigkeit ist, ist sie von Gott angeordnet. Darum: Wer sich der Obrigkeit widersetzt, der widerstrebt Gottes Anordnung; die ihr aber widerstreben, werden ihr Urteil empfangen.[38]

Demnach scheint jedwede staatliche Gewalt, auch die einer Diktatur oder einer tyrannischen Schreckensherrschaft, letztlich von Gott ermächtigt zu sein. Wir haben es hier mit einer extremen, religiösen Sichtweise zu tun, die in unserer heutigen individualistischen Gesellschaft zwar unpopulär, deshalb aber nicht weniger interessant ist: Denn verdient eine grausame Gesellschaft nicht vielleicht sogar eine ebenso grausame Regierung, um sich im Sinne eines höheren Prinzips bestmöglich entwickeln zu können? Wer kennt schon die genauen Pläne der göttlichen Weltenlenkung? Ist es zynisch, so zu argumentieren? Bedeutet es, jedwedes Leid und Unrecht gutzuheißen, zu ertragen und zuzulassen? Kann man einem göttlichen Prinzip solch eine vermenschlichte, absichtsvolle und rationale Handlungsweise überhaupt zuschreiben? Wo liegt die menschliche Freiheit begründet, wenn letztlich doch alles als gottgewollt zu akzeptieren und zu entschuldigen ist? Ist es uns tatsächlich von einer höheren Macht verboten, uns in die Gesetzgebungen einer Regierung einzumischen? Wieso gibt es dann überhaupt Wahlen? Sollten wir noch zur Wahl gehen? Haben wir eine Wahl? Dürfen wir uns erst dann einmischen, wenn wir eine von Gott gewollte politische Laufbahn eingeschlagen haben? Sozusagen von Gott eingesetzt wurden? Thoreau war vollkommen anderer Auffassung und er hätte sich, so eigensinnig wie er war, im Sinne des oben zitierten Bibeltextes explizit gegen Gott gestellt. Thoreau war immer überaus skeptisch gegenüber der Politik seines Landes. Seine klare Aussage in Bezug auf die damalige Regierung ist eindeutig: »Unsere ›führenden Männer‹ sind nämlich harmlose Leute, und sie wissen sehr wohl, dass sie nicht göttlich ernannt, sondern durch die Stimmen ihrer Partei gewählt worden sind.«[39] Für ihn war klar: Man ist in Bezug auf moralische Entscheidungen nur sich selbst und Gott verpflichtet; man muss seinen eigenen Kopf und das eigene Herz befragen und sich klar gegen ein Unrecht stellen, wenn es einem begegnet. Hannah Arendt hätte ihm vermutlich unter Bezugnahme auf Kant zur Seite gestanden, denn auch für sie war klar: Wir haben kein Recht darauf, einer wie auch immer legitimierten Obrigkeit zu gehorchen, wenn uns durch diese verursachtes Unrecht begegnet.[40] Heutzutage befürworten wir eigenverantwortliches Handeln in Form von Zivilcourage, oder es gilt beispielsweise als angemessen, wenn ein Politiker öffentlich hinterfragt und aufgrund seiner Verfehlungen unehrenhaft aus dem Amt entlassen wird. Bei zivilem Ungehorsam scheiden sich die Gemüter offenbar weitaus schneller. Tomatensuppe auf der Glasscheibe und dem Rahmen eines Gemäldes kostet uns alle zum Beispiel als Versicherungsfall laut einem Artikel in der Wochenzeitung *Die Zeit* satte 15.000 Euro. Diese Kosten werden letztlich von der Gesellschaft getragen; Gelder, die laut des angeführten Artikels[41] von Leon Igel an anderer Stelle fehlen, zum Beispiel für den Klimaschutz. Wir können auf solche Argumentationsweisen eigentlich nicht eingehen ohne zu lachen, aber solch eine Sicht der Dinge ist natürlich auch traurig. Auch wenn man mit jedem Menschen reden sollte, wenn dieser auch noch so entgegengesetzte Auffassungen als man selbst vorträgt; Humor muss offensichtlich viel mehr in die Debatte. Thoreau hatte sich damals geweigert, einer Regierung, welche die Sklaverei und die Kriegsführung befürwortet, Steuern zu zahlen. Er galt einerseits als Mann Gottes, war aber offensichtlich auch ein durchaus streitbarer Dickkopf, was das Hinterfragen von gesellschaftlichen Konventionen anging. Für seinen Protest ging er ins Gefängnis – war er also ein Held oder ein Narr? Äußerlich betrachtet hat er mit seinem Engagement dazu beigetragen, die Sklaverei in Amerika in Frage zu stellen und letztendlich mit abzuschaffen, und man ist versucht zu meinen, dass dies durchaus im Sinne einer uns freundlich gesonnenen Göttlichkeit gewesen sein könnte. Vielleicht hat er es aber sogar bewusst in Kauf genommen, sich nicht nur bei der Obrigkeit, sondern auch bei Gott unbeliebt zu machen. Wer kann sich schon anmaßen, unsere Handlungen vollständig in all ihren komplexen Wirkweisen zu übersehen, wenn sie einmal in die Welt gesandt wurden? Wir neigen eben dazu, Gott als etwas Gutes zu idealisieren, und verstehen das göttliche Prinzip nur ungern als etwas, das uns als Menschen und Gesellschaft durchaus auch Schmerz und Leiden auferlegt, damit wir uns umfassend entwickeln können. Mit den Fragen der Theodizee befassen sich Theologinnen und Philosophen seit Jahrhunderten. Vielleicht stößt man mit dieser Fragestellung auf einen Widerspruch, den man nicht unbedingt ausräumen und eindeutig beantworten braucht. Widersprüchliches zu denken fällt uns schwer, da uns von klein auf beigebracht wurde, dass die Dinge um uns herum nun einmal so oder so sind und dass wir sie rational durchdringen können, wenn wir nur intensiv über sie nachdenken und uns dabei an die offenkundigen Fakten halten. Und doch begegnet uns das Aushalten von Widersprüchlichkeiten heute unter dem eleganten Begriff der *Ambiguitätstoleranz* immer wieder als eine der Schlüsselfähigkeiten, die es uns erlauben, uns gegenüber den oft seltsamen Anforderungen unserer Zeit zurecht zu finden.

Dogmatischer, moralischer und strategischer Pazifismus

Eine weitere Frage, der man sich in einer Zeit eines erweiterten Aktivismusbegriffes in Bezug auf die Krise widmen kann, ist die von Derrick Jensen[42] gestellte nach einem dogmatischen Pazifismus. Wie auch beim Zivilen Ungehorsam ist danach zu fragen, wo genau die Grenzen des gewaltfreien Widerstandes verlaufen. Gerade wenn man einem spirituellen und radikal pazifistischen Aktivismus zugeneigt ist, ist es sinnvoll, sich mit der Argumentation von Jensen zu befassen. Jensen geht dabei erst einmal pauschal davon aus, dass sich mit der Frage von Gewalt oder Gewaltlosigkeit als Teil zivilgesellschaftlichen Protests kaum differenziert auseinander gesetzt wird, vielmehr würden die immergleichen Klischees und unhinterfragten Floskeln immer von neuem vorgebracht. Es ist wichtig, sich die unterschiedlichen Formen von Gewalt genauer anzusehen, um die verschiedenen Nuancen überhaupt unterscheiden zu können. Spreche ich von Gewalt gegen Dinge, gegen andere Menschen oder gegen mich selbst? Jensen beschreibt den klassischen Pazifisten als jemanden, der Pazifismus oftmals als ein unantastbares Dogma vertritt, und somit die Frage nach dem, was legitime Gewalt gegen Dinge oder auch in bestimmter Form gegen Personen oder mich selbst sein könnte, tabuisiert. In seinem Buch »Das Öko-Manifest«[43] widmet sich Jensen dem Thema Pazifismus gleich über drei Kapitel. In ihnen verhandelt Jensen auf kluge und zum Teil entwaffnende Weise die von ihm akribisch zusammengetragenen Punkte, die gegen einen dogmatischen Pazifismus sprechen, und versucht, diese oftmals religiös motivierten Argumentationen zu demontieren. Er schafft es dabei unter anderem, eine ikonische Figur wie Mahatma Gandhi als das von vielen Klischees überlagerte Idol der Friedensbewegung wieder als menschliches Wesen sichtbar zu machen. Und natürlich stellen sich immer wieder die von ihm aufgeworfenen ethischen Fragen danach, wie man sich gegenüber einem derart gewaltvollem System verhalten soll, das bis an die letzten Abgründe des Anthropozäns systematisch die Machtverhältnisse der Kolonialisierung in all ihren Abstufungen aufrecht erhält und vertieft.

Ähnliche Fragen umkreist der schwedische Humangeograph Andreas Malm, indem er die weitestgehend tabuisierten Fragen von Gewalt im Feld des Aktivismus genauer untersucht. Dabei zeichnet er den Bogen der Klima-Bewegung seit den 90er Jahren nach, in dem die Strategie der Gewaltlosigkeit laut Malm im Grunde genommen nie durchbrochen wurde. Malm unterscheidet zwei Arten von gewaltfreiem Widerstand: Zum einen den moralischen Pazifismus, der aus einer spirituellen Überhöhung entsteht, die an der Vorstellung festhält, dass es eine Art unsichtbare, erlösende Kraft auf den Plan ruft, wenn man bereit ist, unverschuldetes Leid zu ertragen; andererseits den strategischen Pazifismus, der sich auf die Erkenntnisse der Sozialwissenschaften stützt, welche sich offenbar darüber einig sind, dass Gewalt zwar dazu führen kann, kurzfristige Aufmerksamkeit für ein Thema zu generieren oder Chaos zu stiften, aber nicht dazu tauge, progressive Entwürfe der Veränderung umzusetzen, da sie undemokratisch sei und den Dialog mit den politischen Gegnern abbrechen lasse. Dieser Dialog allerdings sei wichtig, um friedliche Lösungen in Bezug auf gesellschaftliche Konflikte herbeizuführen. Laut dieser Sichtweise führt Gewalt ausnahmslos zu Gegengewalt, Faschismus und Autoritarismus – sie ist also keine Option. Diese Position ist soweit verständlich und sympathisch, denn wir alle meiden Gewalt und möchten gesellschaftliche Konflikte gern auf zivilisierte, also friedliche Art und Weise lösen. Malm zeigt anhand der bekanntesten historischen Widerstandbewegungen aus der Zeit der Sklaverei, der Suffragettenbewegung und der Bürgerrechtsbewegung der

60er Jahre in den USA auf, dass bewaffnete Verteidigung und Gewalt gegenüber Dingen in solchen Bewegungen eigentlich immer eine Rolle gespielt haben. Besonders die Suffragetten waren nicht gerade subtil, was die Dringlichkeit und das Verweisen auf ihre Anliegen betraf. Sie achteten dabei allerdings akribisch darauf, dass bei ihren gewaltsamen Aktionen keine Menschen körperlich zu Schaden kamen. Selbst die afroamerikanische Bürgerrechtsbewegung hantierte offenbar nicht nur aufseiten der Black Power-Bewegung und den Black Panthers mit Waffen, sondern (zumindest zur Selbstverteidigung) auch aufseiten des Reverends Martin Luther King. Dieser führte das Civil Rights Movement bekanntlich mit den Methoden des zivilen Ungehorsams und war für seine radikal pazifistische Grundhaltung bekannt, wurde darin aber ähnlich idealisiert wie vor ihm Mahatma Gandhi. Letztendlich aber führte die komplexe Melange unterschiedlichster Gruppierungen und Situationen zu einer Änderung der damaligen Gesetzgebung:

> Die Bürgerrechtsbewegung entwickelte sich durch ein geistreiches Wechselspiel mit anderen afroamerikanischen Strömungen weiter. Insofern war die Flut an Gesetzen, die in den 1960er-Jahren erlassen wurden, um die Rechte der Schwarzen Bevölkerung zu gewährleisten, keineswegs allein ihr Verdienst – besonders deutlich zeigte sich das etwa im Civil Rights Act von 1964, dem Herzstück der neuen Legislatur. Doch warum überhaupt kam die Bundesregierung in genau diesem Moment den seit Langem bestehenden Forderungen Martin Luther Kings und seinesgleichen nach? Der Wendepunkt ereignete sich 1963 mit der Offensive von Birmingham. Als die innerstädtischen Sit-Ins, Kneel-Ins und Jail-Ins gegen die Segregation dazu führten, dass King in Haft genommen wurde, flogen die ersten Steine und Flaschen. Nach zwei von Suprematist*innen durchgeführten Bombenanschlägen schaukelten sich die Tumulte zu den ersten urbanen Unruhen der Schwarzen Bevölkerung jener Zeit auf; umherziehende Menschenmengen griffen Polizeibeamte an, zerstörten Eigentum und zum ersten Mal wurden Bundestruppen entsandt, um den Aufstand niederzuschlagen.[44]

Malm zeigt in seinem Buch auf, dass gewaltfreie Bewegungen in der Geschichte oftmals ab einem bestimmten Zeitpunkt durch gewaltbereite Gruppierungen flankiert wurden und dass durch jenes Wechselspiel des Protestes viele Erfolge von Bürgerrechtsbewegungen erst möglich wurden. Er beschreibt in seinem Buch auch das Selbstverständnis der Suffragetten und deren Protestformen. Dazu die Frauenrechtlerin Emmeline Pankhurst:

> In der einen oder anderen Form militant zu sein, ist eine moralische Verpflichtung. Es ist eine Pflicht, die jede Frau ihrem eigenen Gewissen und ihrer eigenen Selbstachtung, jeder Frau, die weniger begünstigt ist als sie selbst, sowie allen, die auf sie folgen werden, schuldig ist.[45]

Malm beschreibt einige Formen von Protest, denen sich jene zum Großteil bürgerlichen Frauenrechtlerinnen zu Beginn des 20. Jahrhunderts in England und den USA bedienten. Die Suffragetten wählten dabei ganz unterschiedliche, zum Teil recht kreative, aber durchaus resolute Protestformen:

> Suffragetten, die den Premierminister aus seinem Auto nötigen und ihn mit Pfeffer überschütten, einen Stein gegen das Oberlicht über Winston Churchills Tür schleudern, mit Hämmern und Äxten auf Statuen und Gemälde losgehen, Bomben an Orten entlang der Routen königlicher Besuche legen, mit Stöcken gegen Polizisten kämpfen, feindselige Politiker mit Hundepeitschen bestürmen, in Gefängniszellen die Fenster einschlagen. Derartige Taten gingen Hand in Hand mit Massenmobilisierungen. Die Suffragetten veranstalteten Mammutkundgebungen, verlegten ihre eigenen Druckerzeugnisse, traten in Hungerstreiks: Sie wandten die ganze Bandbreite gewaltfreier *sowie* militanter Aktionen an.[46]

Ein weiteres Zitat von Emmeline Pankhurst, der berühmt-berüchtigten feministischen Theoretikerin und Frauenrechtlerin, beschreibt die klare und für heutige Begriffe radikale Zielsetzung der Suffragetten: »Wir mussten den Spaß am englischen Sport verderben, der Gesellschaftswelt Schaden zufügen, wertvolles Eigentum zerstören, die Gesellschaft demoralisieren, über die Kirchen Schande bringen, den normalen Gang des Lebens stören.«[47] Es ging den Suffragetten letztlich darum, die Regierung und das Parlament vor den Augen der Weltöffentlichkeit zu diskreditieren. Überträgt man diese Strategien und Sichtweisen auf unsere gegenwärtigen, wesentlich dramatischeren Probleme der Erderwärmung und der damit verbundenen zivilisatorischen Zusammenbrüche, erscheinen die heutigen Protestformen als überaus dürftig und unzureichend. Sobald sich die heute so wohlerzogenen AktivistInnen allerdings einmal vermeintlich radikal geben und sich mit Klebehänden oder Tomatensuppe einem musealen Gemälde nähern, bricht ein Aufschrei empörter Bürgerinnen und Bürger los. So etwas empfindet man zumindest als den falschen Weg und ist ebenso empört, wenn AktivistInnen einem den gewohnten Fahrweg zur Arbeit versperren. Schon mehren sich die Rufe nach harten Strafen gegenüber solch bösartigen Anschlägen, die offenbar empfindlich die bürgerliche Ordnung bedrohen. Worüber zum Teufel sprechen wir hier eigentlich?! Es geht um die Zukunft des Planeten – und einige Menschen haben offenbar keine anderen Sorgen, als morgens pünktlich zur Arbeit zu erscheinen. Ich verzeichne die von diesen Menschen erbrachten Opfer einmal großzügig als Kollateralschäden; als Opfer, die nun einmal zu erbringen sind, wenn engagierte Aktivisten und Aktivistinnen so freundlich sind, darauf hinzuweisen, dass die Bewohnbarkeit des Planeten immer mehr auf dem Spiel steht. Wie lange soll man denn noch warten bis die Menschen verstehen, dass ein pünktlicher Arbeitsbeginn oder Tomatensauce auf van Goghs Sonnenblumen Peanuts im Vergleich dazu sind, was die betroffenen Menschen im globalen Süden bereits heute erleiden und was kommenden Generationen bei uns bevorsteht? Man sollte die Dinge bei aller Liebe zur unterschiedlichen Bewertung unserer gegenwärtigen Situation schon in ein halbwegs angemessenes Verhältnis zueinander setzen.

Demokratie und Gewalt

Solch komplexe Fragen wie der nach der Angemessenheit oder der Legitimität von Gewalt gegenüber einem gewaltsamen System können hier nur angedeutet werden, aber es erscheint mir wichtig, darauf hinzuweisen, dass sie eben nicht so einfach zu beantworten sind, wie wir es uns wünschen. Solche Fragen sind unangenehm und man möchte sich nicht tiefergehender mit ihnen befassen, da wir alle mit Gewalt eigentlich möglichst wenig zu tun haben wollen. Gewalt ist aber eben nicht gleich Gewalt, aber diesen Fragen können wir uns im Zusammenhang mit der Klimakrise nicht einfach entziehen. Wo genau verlaufen meine ganz persönlichen Grenzen, wenn es darum geht, mich gegen ein Gewalt anwendendes Gegenüber zur Wehr zu setzen? Würde ich es in Kauf nehmen, das Leben mehrerer Menschen zu opfern, um das meiner eigenen Tochter zu retten, oder würde ich im Umkehrschluss ein einzelnes Leben opfern, um viele andere zu retten? Ist die Scharfschützin Ljudmila Pawlitschenko eine Heldin, weil sie 309 Nazis getötet hat? Was ist der Unterschied zwischen der Sprengung eines Staudammes, der einen wilden Fluss in ein lebloses Rinnsal verwandelt und all die Lebewesen, die in ihm heimisch sind, existentiell bedroht, im Vergleich zur Sprengung eines Briefkastens, wie es zu Beginn des 20. Jahrhunderts die Suffragetten noch durchaus für legitim befanden, um auf ihre Anliegen aufmerksam zu machen? War man damals noch gröber im Umgang miteinander oder einfach weniger zimperlich als heute? Im März 1912 zerstörten 150 Suffragetten, mit Hämmern und Steinen bewaffnet, 270 Fenster im Einkaufsviertel des Londoner Westend. Frauen hätten vermutlich noch heute kein Wahlrecht oder dürften nicht in der Öffentlichkeit rauchen, wenn sie damals nicht ihre Rechte mit Nachdruck eingefordert hätten. Ist es verständlich, wenn Marianne Bachmeier noch während dessen Gerichtsverhandlung den vorbestraften Sexualstraftäter und Mörder ihrer siebenjährigen Tochter erschießt? Ist es rechtens, nur weil es vielleicht verständlich ist? Ist es ein legitimer Akt von Gewalt, wenn man einen den Regenwald abholzenden Bulldozer anzündet? Was genau ist

Notwehr, ab wann muss ich für ein fühlendes Lebewesen oder unseren Planeten eintreten? Darf man Tiere aus Versuchslaboren befreien, und ist es ein Akt von Gewalt, wenn ich Fleisch esse? Sind Muscheln schon empfindsame Tiere oder noch Pflanzen? Welche Formen von Gewalt nehme ich tagtäglich in Kauf, welche lehne ich grundsätzlich ab und wo bin ich unentschieden? Warum will ich mich mit solchen Themen eigentlich nicht auseinandersetzen? Ist es etwas Reines, zu töten, wie Woody Harrelson es in der Rolle des Mickey Knox in der berühmten Interview-Szene des Films *Natural Born Killers* so nonchalant behauptet?[48] Ist es etwas, was zum Leben dazu gehört, oder ist das Tabu, zu töten, ein von vielen Konventionen überlagertes Thema gegenüber dem wir völlig verängstigt und entfremdet sind? Ist es ein zivilisatorischer Erfolg, dass die Todesstrafe fast überall in der Welt abgeschafft wurde? Ist es heuchlerisch, das Thema Gewalt auf diese grundsätzlichen Fragen zu verengen, während Gewalt an vielen anderen Stellen unserer Gesellschaft verschoben, verschleiert oder gar befördert wird? An welchen Stellen bringt unser Schulsystem Gewalt hervor? Ist ein illegaler Hackerangriff auf einen moralisch fragwürdigen Konzern oder eine Regierung unter bestimmten Umständen zu billigen? Bin ich wirklich bereit, die andere Wange hinzuhalten, wenn mich jemand schlägt, oder ist es ausreichend, solch eine Forderung als ein Ideal zu vertreten, auch wenn man diesem in der Praxis kaum gerecht werden kann? Darf man Kinder auslachen? Wo beginnt psychische Gewalt und wo endet sie? Produziert Gewalt immer und ausschließlich Gegengewalt oder kann sie auch Grenzen setzen, Missstände deutlich aufzeigen und auf vernünftige Weise natürliche Hierarchien klären? An welchen Stellen der Gesellschaft ist Gewalt im Sinne von zivilem Ungehorsam sogar Bürgerinnenpflicht, weil sie sich begünstigend auf demokratische Prozesse auswirkt? Wir müssen das Thema Gewalt also mit Sorgfalt behandeln, denn unsere Demokratie läuft stets Gefahr, ausgehöhlt zu werden, oftmals sogar mit dem Argument, dass man sie schützt.

Eine bewusste Auseinandersetzung mit diesen Fragen ist auch deshalb so dringend geboten, weil uns unsere Überzeugung zur Gewaltfreiheit ja tatsächlich tragen soll. Wir sind aber nur selten dazu bereit, uns systematisch mit diesen Fragen zu befassen. Das gilt insbesondere im Feld des Aktivismus.

Cancel Culture und Kulturelle Aneignung

Das Thema physischer Gewalt oder Sabotage im Zusammenhang mit Gegenständen ist nur der eine Teil von Gewalt und Gegengewalt, der andere berührt Fragen psychischer Gewalt: Welche Werte erwarte ich von meinem Gegenüber oder der Gesellschaft in der ich lebe? Wie integer bin ich selbst? Bin ich wirklich so aufmerksam und tugendhaft, so moralisch gefestigt und tolerant, wie ich mich selbst gern darstelle? Um was geht es mir eigentlich in meinem Umgang mit anderen Menschen, wenn ich sie mit meiner vermeintlich moralischen Überlegenheit konfrontiere und so vielleicht einer überhitzten Debatte aussetze, der sie intellektuell gar nicht gewachsen sind? Ist solch eine Handlung moralisch richtig? Ebenso wichtig scheint mir die Frage, ob ich selbst der jeweiligen Debatte überhaupt gewachsen bin? Wiederhole ich nur stereotyp den kritischen Blick anderer, der übertragen auf eine neue Situation vielleicht gar keinen Sinn mehr ergibt? Alltagsrassismus oder struktureller Rassismus sind Themen, welche man als weißer Mensch aus eigener Erfahrung einfach nicht kennt. Wir alle kennen aber Situationen, in denen wir schlecht behandelt, gekränkt oder verletzt wurden. So wäre es uns möglich, unterschiedliche Situationen auf ähnliche Erfahrungen zu übertragen und uns so zumindest ansatzweise in unser Gegenüber hineinzuversetzen. Es ist viel Fingerspitzengefühl nötig, wenn wir uns gegenseitig nicht verletzen wollen; es verlangt Empathie, Geduld und manchmal auch ein gesundes Maß an Abstand zu uns selbst – es verlangt Humor. Zu Recht reagiert nicht nur die Gruppe der von Rassismus und Intoleranz betroffenen Menschen sensibel auf Diskriminierung, aber auch die Gruppe derjenigen, die des Diskriminierens oder gar des Rassismus bezichtigt werden, reagieren empört auf solche Vorwürfe. Wer von uns will schon als intolerant, homophob oder rassistisch bezeichnet werden? Diese Gruppe von Menschen hat das Gefühl, sich nicht mehr frei äußern zu dürfen, da an jeder Ecke die »Sprachpolizei« steht und über das Gesagte wacht. Politisch korrektes Handeln scheint unmöglich, wird gar zu einem Schimpfwort. Allerdings sind diese Konflikte unvermeidbar, wenn wir uns gemeinsam weiterentwickeln wollen, und es ist eigentlich ein gutes Zeichen, dass es sie gibt. Wir werden diese Schritte des gegenseitigen Verstehens nicht ohne emotionale Auseinandersetzungen führen können, die erhitzten Debatten gehören einfach dazu. Jede Sichtweise hat ihre Stimmigkeit und Relevanz, und wenn diese Themen irgendwann ins kollektive Unterbewusstsein eingesickert sein sollten, könnten wir uns bestimmt die verständigeren Hände reichen. Auch ist der sensiblere Umgang mit der Übernahme von Werten und Dingen anderer Kulturen mehr als überfällig. Kulturelle Vielfalt und kultureller Austausch sind bekannterweise nichts schlechtes, wir tun uns aber oftmals schwer damit, zwischen einer feindlichen Übernahme und Aneignung und einer wertschätzenden kulturellen Weiterentwicklung und Bereicherung zu unterscheiden.

Der Künstler und Musiker Helge Schneider sagte in der Sendung *Maischberger* vom 08.02.2023 in der ARD, dass er Musik für ein Überwesen halte, welches seine ganz eigenen Dynamiken habe. Musik ist laut Schneider durch die Vermischung von unterschiedlichen Kulturen und durch Wanderungen entstanden, und wenn ihm jemand sage, dass er kulturelle Aneignung betreibe, interessiere ihn das einen Scheißdreck. Ich möchte Helge Schneider nun grundsätzlich nur ungern widersprechen, dennoch gibt es im Bereich der kulturellen Aneignung Fragestellungen, die weniger simpel zu beantworten sind als Schneider es an dieser Stelle tut. Auch wenn man seine etwas genervte Antwort erst einmal nachvollziehen kann, ist die Übernahme von kulturellen Gütern historisch betrachtet mit unbegreiflichem Unrecht und Leid verknüpft, weshalb es wichtig ist, diese Tatsachen mit zu reflektieren und sensibel mit diesem Thema umzugehen. Soviel Geschichtsbewusstsein sollte man heutzutage von einer in der Öffentlichkeit stehenden Person erwarten. Dabei geht es nicht darum, ob Musik möglicherweise ein Überwesen ist – wobei ich Herrn Schneider zumindest in dieser Sicht der Dinge unbedingt zustimmen würde.

Es ist nicht verwunderlich, dass wir in diesen Fragen streiten, denn hier kommt über Jahrhunderte verschlepptes Unrecht endlich mehr und mehr ans Tageslicht. Es braucht Zeit und Verständnis, wenn solche Verletzungen auf beiden Seiten heilen sollen. Was bin ich bereit, mir selbst und meinem Gegenüber an Dummheit oder Bösartigkeit zu verzeihen? Wieso ist es sinnvoll, nicht nur die Opfer zu sehen und anzuhören, sondern auch den Tätern und deren Nachkommen zu verzeihen? Wir kommen in diesen Fragen immer wieder in gesellschaftliche Schieflagen, wenn wir die Debatten nicht etwas genauer, humorvoller und gelassener führen und mehr Rücksicht aufeinander nehmen – auch gerade bei den Personen, die sich nicht explizit auf reflektierte Debatten einlassen wollen oder können. Empathie ist eine subtile Angelegenheit und es ist immer der einzigartige, individuelle Fall, den wir uns genau ansehen müssen, wenn wir uns vor eine Situation gestellt finden, in der wir uns für oder gegen etwas aussprechen oder engagieren wollen.

Gleichzeitig zu den begrüßenswerten Debatten um die Themen Rassismus, Diversität und kultureller Aneignung in unseren Gesellschaften scheint seltsamerweise die gute alte Streitkultur beinahe verschwunden zu sein. Es mag widersprüchlich anmuten, aber viele Menschen empfinden kontroverse Debatten als vermint. Man findet kaum noch kritische oder gar sympathisch böse Stimmen in den Feuilletons der großen Zeitungen, bissige Ironie oder geistreicher Sarkasmus scheinen so gut wie ausgestorben. Denn einerseits ist es begrüßenswert, dass wir heute an vielen Stellen der Gesellschaft recht kultiviert miteinander umgehen, andererseits macht es unsere Debatten aber auch etwas ärmer und uns Menschen oft seltsam dünnhäutig. Die eskalierenden Kommentare in den Foren der sogenannten Sozialen Medien sind da nur ein Beispiel. Andererseits sehe ich auch einige Nachteile, wenn wir immer mehr zu einer Gesellschaft der Konfliktscheuen werden, denn streiten ist eigentlich toll. Streiten ist wichtig und streiten kann nicht immer nur nach gesitteten Regeln stattfinden. Wie aber streitet man richtig? Eine gewisse Ambivalenz in diesen Fragen kann vielleicht auch in diesem Bereich des Zusammenlebens nicht schaden, gerade in Hinblick darauf, dass wir uns nicht immer voneinander abgrenzen, sondern versuchen sollten, miteinander im Gespräch zu bleiben, wenn wir die großen ökologischen und gesellschaftlichen Fragen der Gegenwart in den Blick nehmen wollen. Dazu aber müsste man das Streiten mit Intelligenz, Geduld und Humor verbinden – und das wächst bekannterweise leider nicht im Überfluss an den Bäumen.

Preppen – Von der Sorge zur Vorsorge

Eine Frage die im Zusammenhang mit der Krise immer wieder auftaucht ist die des »Preppens«[49]. Ist preppen tatsächlich so egoman, dumm und bösartig wie sein Image? Bin ich ein Freak, wenn ich mir im Keller ein paar Vorräte mehr anlege? Ist es bereits ein Mangel an Gottvertrauen, wenn ich einen Großeinkauf mache? In der Bibel steht:

> Darum sage ich euch: Sorget nicht für euer Leben, was ihr essen und trinken werdet, auch nicht für euren Leib, was ihr anziehen werdet. Ist nicht das Leben mehr denn Speise? Und der Leib mehr denn die Kleidung? Sehet die Vögel unter dem Himmel an: sie säen nicht, sie ernten nicht, sie sammeln nicht in die Scheunen; und euer himmlischer Vater nährt sie doch. Seid ihr denn nicht viel mehr denn sie?[50]

In der zitierten Bibelstelle geht es eigentlich darum, dass man nicht zwei Herren gleichzeitig dienen kann: Gott und dem Mammon. Ist es nun aber unvernünftig, sich auf eine drohende Krise oder ein langes Wochenende materiell vorzubereiten? Ist es ein Problem, wenn jeder nur an sich selbst denkt? Gehört solch eine Sichtweise zu einer alten Geschichte der Separation, nach der wir alle einzeln und allein, abgetrennt von der Natur leben und in Konkurrenz zueinander stehen? Sind wir nicht viel eher alle miteinander verbunden und Teil eines großen Ganzen, das sowohl die Natur als auch die uns umgebenden Dinge einschließt? Wenn jeder für sich selbst sorgt, ist für alle gesorgt, heißt es und dieser alte Spruch hat bestimmt einen wahren Kern. Vor allem dann, wenn man von dem, was man für sich selbst erwirtschaftet und einlagert, auch anderen etwas abgibt; wenn man teilt und schenkt, wenn es jemandem anderen aus irgendwelchen Gründen an etwas Grundlegendem mangelt. Preppen wird aber immer zuerst mit dem Egoistischen und mit irrationaler Angst in Verbindung gebracht; was also ist solidarisches Preppen? Vor nicht allzu langer Zeit gehörte es zur Normalität, sich Vorräte anzulegen, um gemeinsam den Winter zu überstehen, es galt als weise, wohlüberlegt zu wirtschaften und sich die Vorrate für den Winter einzuteilen; Menschen und Tiere haben das immer schon so gemacht. Frederick die Maus sammelte einst Sonnenstrahlen, Farben und Wörter für die kalten, dunklen Wintertage, während die anderen Feldmäuse Körner, Nüsse, Weizen und Stroh sammelten.[51] Im Idealfall teilen wir all diese wichtigen Dinge in Notzeiten miteinander. Steht in der Bibel, dass wir nicht arbeiten und nicht vorsorgen sollen? Wohl kaum, denn arbeiten müssen wir für unsere Bedürfnisse, wir können gar nicht anders. Die Liebe und die Arbeit gehören zusammen, hat Marilyn Monroe gesagt[52], und natürlich hatte sie recht. Dabei ist es egal, ob wir Farben, Wörter oder Nüsse sammeln; all diese Dinge sind wichtig, wenn es darum geht, uns als Menschen gesund zu halten und zu ernähren. Um im Bild zu bleiben: Gott sorgt zwar für uns, er gibt uns aber auch einen inneren Antrieb, einen hoffentlich klaren Verstand und zwei gesunde Hände, damit wir uns einen Garten anlegen und gemeinsam ein Haus bauen können. Gott sagt nicht, dass wir nicht arbeiten sollen, er sagt laut dem zitierten Bibelabschnitt, dass wir nicht dem Mammon dienen sollten. Ich denke, es ist für Gott okay, einer ehrlichen Arbeit nachzugehen und sich zu entwickeln oder dafür zu sorgen, den Winter zu überstehen. Aber es gibt noch ein anderes Problem beim Thema preppen: Prepper decken sich gerne mit Waffen ein. Sie tun das, um sich zur Not selbst zu verteidigen. Wir berühren also wieder die grundlegenden Fragen von körperlicher Gewalt. Und besonders deshalb ist das preppen so sehr in Verruf geraten, weil es medial vermittelte Bilder von egoistischen, gewaltbereiten Rechtsradikalen sind, die unser Bild von den heutigen Preppern prägen. Und auch weil preppen zurecht mit Angst und Egoismus assoziiert wird. Ist es ein Problem, sich eine Waffe zu besorgen, weil man befürchtet, dass es zu gesellschaftlichen Unruhen kommen könnte? Hat man das Recht, sich und seine Liebsten im Notfall selbst zu verteidigen oder schlicht und einfach zurück zu treten, wenn einem irgendein übermütiger Blödmann absichtlich ein Bein stellt? Hier schließen sich interessante und ganz grundlegende moralische und ethische Fragen an, die im Text weiter oben bereits besprochen wurden und die auch in der Szene der Prepper oder Kollapsologie durchaus ambivalent diskutiert werden.

Vierter Teil

Angst, Tod und Kunst

In der Bucht von Tago gingen die Wogen hoch;
im Boot ruderten wir hinüber.

Sarashina-nikki, Tagebuch einer japanischen Hofdame aus dem Jahre 1060

Das Wunder des Lebens, die Tatsache unserer verblüffenden Existenz ist bereichernd und schockierend zugleich. Wir sind mit einem so seltsamen und noch immer über weite Strecken unerforschten Pantheon der Lebensformen in den ebenso rätselhaften Dimensionen von Zeit und Raum miteinander verbunden und durch diese so grundlegend in unserem Sein bedingt, dass es eigentlich keinen Grund dafür gibt, sich jemals einsam zu fühlen. Und wenn die Welt mit all ihren Meerkatzen und Springmäusen, mit ihren fliegenden Fischen, winzig kleinen Mikroben, bunten Kristallen, mit all ihren Blumen und Bäumen, Flechten und Moosen schon morgen in den rätselhaften Nebeln des Nichts versinken sollte, so wären wir doch die Zeugen der Vielfalt einer erstaunlichen Welt der Erscheinungen gewesen. Es wäre uns ganz sicher eine Ehre, auch nur einen einzigen Tag dabei gewesen zu sein und zu den Sternen hinaufgeblinzelt zu haben.

Ist es denn aber nicht eine gute Idee, das Paradigma des Todes im Sinne des Transhumanismus endlich zu überwinden, sich einfrieren zu lassen oder den eigenen Geist zukünftig auf einen Supercomputer hochzuladen und somit unsterblich zu werden? Sollten wir vielleicht diese für manch einen langweilige, trostlos erscheinende Erde verlassen und andere, interessantere Planeten beginnen zu besiedeln? Was für ein versponnener und infantiler Gedanke. Tod, Leid und Trauer, die Endlichkeit des Lebens gehörten für frühere Generationen in allen Kulturen viel selbstverständlicher zu einer unausweichlichen Wirklichkeit als zu unserer Zeit:

> Wer giebt [sic!] heute noch etwas für einen gut ausgearbeiteten Tod? Niemand. Sogar die Reichen, die es sich doch leisten könnten, ausführlich zu sterben, fangen an, nachlässig und gleichgültig zu werden; der Wunsch, einen eigenen Tod zu haben, wird immer seltener. Eine Weile noch, und er wird ebenso selten sein wie ein eigenes Leben.[53]

Wir scheinen längst über diese von Rilke prognostizierten Zeiten hinaus gekommen zu sein. In früheren Zeiten verlieh der Tod den Menschen noch eine ihnen »eigentümliche Würde und einen stillen Stolz«[54] schrieb Rilke weiter und verband uns so mit einer rätselhaften und mythenumwobenen Existenz. Dem indischen Philosophen Jiddu Krishnamurti wird zugeschrieben, in einer seiner letzten Reden von seinem großen Geheimnis gesprochen zu haben. Sein großes Geheimnis war es – wie er sagte –, dass er letztlich mit allem, was passiert, einverstanden sei. Das bedeutet vor allem auch mit all unseren Ängsten, allem Leid, all dem Schmerz und all der Trauer des Lebens einverstanden zu sein. Mich hat dieses Geheimnis, diese Sichtweise Krishnamurtis immer wieder beeindruckt und beschäftigt. Vielleicht ist es ja wirklich das Ende der Menschheit, wie wir sie kennen, welches nun vor uns liegt – und es ist okay. Vielleicht ist es in einem höheren Sinne erforderlich, dass diese Zivilisation vorläufig ins Dunkle abtaucht. Leben ist strikter Rhythmus, Sterbeprozesse gehören im Kleinen wie im Großen zu unserer Erfahrung. Der Tod ist eine beängstigende und zugleich eine faszinierende Kraft, er birgt in seinem Kern ein tiefes Geheimnis, denn er ist eng mit dem Rätsel des Lebendigen verbunden. Leben und Tod sind dabei keine Gegenspieler, sondern ungleiche Kinder ein und derselben Mutter. Es geht nicht darum, den Tod zu idealisieren, sondern den Versuch zu wagen, den Ungewissheiten und Rätseln des Lebens gegenüber offen zu bleiben und das Leben auch in seinen dunklen Nuancen anzuerkennen, denn unsere Angst und Unwissenheit verstellt uns ganz sicher den Blick auf den Tod. Wenn man den Tod ohne Angst betrachtet anstatt ihn als das alles Lebendige zerstörende Prinzip zu dämonisieren, findet man Schönheit. Stellen wir uns ein Leben ohne den Tod, ohne Angst und Trauer vor; es wäre ein ärmeres Bild als jenes, welches sich heute vor unseren bangen Herzen ausbreitet. Um wie viele Empfindungen wären wir ärmer, wenn wir die Erfahrungen des Schmerzes oder der Trauer nicht hätten und diesen Schmerz nicht auch nachempfinden und teilen könnten, wenn andere Lebewesen ihn durchleben. Es gäbe kein Mitgefühl, wenn wir nicht selbst dazu fähig wären, zu leiden. Wenn man diese Fragen ernst nimmt und nicht als zynisch von sich weist, kommt man unweigerlich auch zu einer anderen Form von Aktivismus: Was bedeutet unser aktivistisches Engagement in Bezug auf die Tatsache, dass wir meinen, sterbliche Wesen zu sein? Wenn wir uns als getrennt von der Welt erleben? Und wie fällt unser Engagement im Gegensatz dazu aus, wenn wir uns für ewige Wesen halten, die sich selbst als mit allem Lebendigen verbunden erleben? Wenn wir es sogar in Erwägung ziehen, auf die ein oder andere Art und Weise wiedergeboren zu werden?

Angst und Tod

Wenn es um den ökologischen Kollaps und unser Engagement für eine bessere Welt geht, müssen wir uns mit unseren archaischen Ängsten auseinandersetzen, denn unsere Angst hat diese Krisen doch in gewisser Weise erst hervorgebracht. Angst ist ein Riesenthema: Archaische Ängste davor, zu sterben, leiden zu müssen, jemanden zu verlieren oder zu wenig Liebe und Anerkennung zu bekommen, sind bei genauerer Betrachtung für den Großteil des Leides der Welt zumindest mitverantwortlich. Wir können sagen, unsere Ängste und Bedürftigkeiten sind in vielerlei Hinsicht die Ursache von Maßlosigkeit, Lüge und Gier, Zerstörung und Unterdrückung. Und dabei sind all diese Ängste durchaus begründet und durchaus real. Wir Menschen sind eben sehr empfindsame, verletzliche Wesen, wir sind überaus anfällig für psychisches und physisches Leid. Wir können diesen Ängsten mit unserer Rationalität und auch mit unserem Glauben und Hoffen aber bis zu einem gewissen Punkt entgegentreten und ihnen so einen Großteil ihrer Kraft nehmen, um in erhöhtem Maße gelassener, selbstbestimmter und aktiver zu werden. Der Tod und auch unsere Angst können uns dabei ganz bestimmt einiges über das richtige Leben lehren; leben heißt auch lernen zu sterben. Wir können uns mit dem Tod befassen und ihm seinen Schrecken nehmen, indem wir uns mit ihm bekannt und sogar vertraut machen; indem wir ihn regelrecht zähmen:

> »Wenn du einen Freund willst, so zähme mich!« – »Was muss ich da tun?" sagte der kleine Prinz. – »Du musst sehr geduldig sein«, antwortete der Fuchs. »Du setzt dich zuerst ein wenig abseits von mir ins Gras. Ich werde dich so verstohlen, so aus dem Augenwinkel anschauen, und du wirst nichts sagen. Die Sprache ist die Quelle der Mißverständnisse. Aber jeden Tag wirst du dich ein bißchen näher setzen können...«[55]

Den Tod zu zähmen geht aber nicht, wenn wir die mit ihm zusammenhängenden, essentiellen Fragen verdrängen oder auch nur vorläufig vor die Tür stellen. Wir sollten stattdessen all unsere Ängste hineinbitten, ihnen einen warmen Platz am Ofen anbieten, um mit ihnen ins Gespräch zu kommen oder gemeinsam zu schweigen und uns dabei einmal tief in die Augen zu sehen. Vielleicht sollten wir die ökologische Notlage, in die wir mehr und mehr hinein geraten sind, sogar feiern. Ich meine dies nicht im Sinne einer apokalyptischen Sekte, die sich verkleidet, bunt anmalt und ekstatische Tänze aufführt, um den nahenden Weltuntergang zu zelebrieren. Es geht vielmehr um einen inneren, feierlichen und nachdenklichen Ausdruck des Annehmens unserer Situation, denn es geht heute nicht mehr unbedingt darum, die Krise zu stoppen oder abzuwenden. Es geht vielmehr darum, sie in einem tieferen Sinnzusammenhang zu stellen, denn genau zu dieser Transformation lädt sie uns offenbar ein, selbst wenn man sie nicht gleich in einen messianischen Zusammenhang stellen mag. Es geht nicht mehr darum, aktionistisch mehr oder weniger grüne Technologien zu entwickeln;

dazu ist es vermutlich zu spät und darüber hinaus sind unsere Technologien dazu viel zu ressourcenaufwendig und primitiv. Jeder Baum ist diesen Technologien haushoch überlegen – und einen Baum zu pflanzen, ist nun wirklich keine komplizierte Angelegenheit.[56] Die technischen Rettungsversuche einer in die Sackgasse geratenen Zivilisation sind zwar verständlich, sie entstammen aber einem anachronistischen Denken in Kategorien der Trennung von Mensch und Natur. Unser Bemühen um die mechanische Lösung einer überaus lebendigen Krise ist uns Menschen schlicht und ergreifend unwürdig. Wenn wir die Krise aber als etwas annehmen, was es uns erlaubt, über uns selbst und den Ort an dem wir Leben in einem tieferen Sinne nachzudenken, gelangen wir zu neuen Sichtweisen. Dazu ist es aber offenbar wichtig, in eine Situation zu geraten, die uns erst einmal ausweglos erscheint, die uns ängstigt und ratlos macht. Wir mussten notwendigerweise an solch einen Punkt kommen, denn ohne diese Erfahrung kommen wir offenbar nicht auf die Beine. Die Auseinandersetzung mit dem Thema Tod ist in diesem Zusammenhang wichtig, denn der Tod steht uns gut, auch wenn wir das mit ihm assoziierte Leid meiden. Leid zu erleben, ist bei genauerer Betrachtung aber wichtig. Leid erzieht uns Menschen, wenn wir es an uns selbst und an unserem Gegenüber erfahren; es gibt unserem Leben eine bestimmte Richtung. Das kann man natürlich nur so entspannt behaupten, wenn es einem gerade gesundheitlich gutgeht, werden manche Skeptiker sagen und aufpassen, dass meine Behauptungen nicht in großspurigen Zynismus abgleiten. Sie werden nicht abgleiten. Es ist sinnvoll, über solch grundlegende Dinge zu sprechen, solange man einigermaßen bei klarem Verstand ist, denn der Schmerz verstellt uns die klarere Sicht auf die Dinge. Der Tod macht das Leben viel lebendiger und auf allen möglichen Ebenen reicher. Wenn wir ihn genauer betrachten, werden wir zu der Ansicht kommen, dass er nirgends endgültig ist: Jeder Tod führt auf rätselhaften Wegen zu neuem Leben. Der Humanist, Philosoph, Jurist und Skeptiker Michel de Montaigne (1533 – 1592) hat einige sehr kluge Dinge über den Tod formuliert, die unseren Blick auf dieses Terrain weiten können. Unter anderem sprach auch er von der Notwendigkeit, sich den Tod vertraut zu machen:

> Und um ihm [dem Tod, Anm. d. Verf.] zunächst seine größte Überlegenheit über uns zu entreißen, lasst uns einen dem gewöhnlichen ganz entgegengesetzten Weg einschlagen. Nehmen wir ihm seine Unheimlichkeit, machen wir ihm uns vertraut, halten wir mit ihm Umgang, bedenken wir nichts so häufig wie den Tod. Stellen wir ihn jeden Augenblick und in jeder Gestalt vor unser inneres Auge. […] Es ist ungewiss, wo der Tod unser wartet; erwarten wir ihn überall. Die Besinnung auf den Tod ist Besinnung auf die Freiheit. Wer sterben gelernt hat, der hat das Dienen verlernt. Sterben zu wissen, befreit uns von aller Unterwerfung und allem Zwang. Das Leben hat keine Übel mehr für den, der recht begriffen hat, dass der Verlust des Lebens kein Übel ist.[57]

Wir können die wichtigen Fragen wie die nach der menschlichen Freiheit, der Liebe und Freundschaft, nach den Grenzen des Erkennens, dem Tod und unserer tieferen Bestimmung nicht mehr halbherzig behandeln oder sie heimlich umgehen. Wir können nicht weiterhin ohne jegliches Maß unsere Zeit mit unsinnigem Konsum und der ständigen Weiterentwicklung von völlig unnötigen Technologien verbringen, um die Welt noch sensationeller, schneller und bequemer zu machen. Die Natur zwingt uns heute zu dieser Einsicht, sie tritt, wie Bruno Latour immer wieder betont, als politischer Akteur auf die Bühne des Weltgeschehens. Und im Grunde genommen zwingen wir Menschen uns selbst in unüberhörbarer Weise dazu, dies zu erkennen, denn wir sind selbst ein Teil der Natur. Demnach sind wir übrigens unbedingt auch der Klimawandel.

Postaktivismus und Soziale Plastik

Auch dem oben schon erwähnten Künstler Joseph Beuys gelang eine eigenwillige Annäherung an diese essentiellen Fragen des Todes und der Bestimmung des Menschen. Sein Meisterschüler Johannes Stüttgen arbeitet bis heute auf unterschiedlichen Ebenen an den Ideenzusammenhängen der von Beuys beschriebenen Sozialen Plastik. In einem Gespräch[58] mit Gerald Häfner sprach Stüttgen im Januar 2021 darüber, dass er selbst den Tod immer als eine Art Grenze erfahren hatte, der er mit normalem Denken nicht beikommen konnte. Mit Beuys sei Stüttgen während seines Kunststudiums dann eine Person begegnet, die mit dieser Frage offenbar vertraut war, denn Beuys prägte ihm gegenüber den Satz: »Wer den Tod nicht kennt, weiß nicht, was denken ist«. Stüttgen wurde durch die Auseinandersetzung mit Beuys klar, dass, wenn der Tod eine Grenze des Erkennens darstelle, es auch eine Seite jenseits dieser Grenze geben müsse, an dem das Denken, wie wir es zu kennen glauben, aufhört und sich eine andere Realität anschließt. Die Auseinandersetzung mit dem Tod beschreibt Stüttgen im Gespräch mit Häfner als deshalb so wichtig, weil sie die Bedingung dafür sei, Einsichten in unsere eigene tiefere Bestimmung als Menschen zu bekommen. Das uns bekannte Denken selbst muss aber überwunden werden, wenn wir den Tod besser verstehen wollen. Häfner spricht mit Stüttgen in diesem Zusammenhang auch über die Kunstaktion *Coyote* von Joseph Beuys. Die Aktion *Coyote oder I like America and America likes me* fand 1974 in New York statt. Joseph Beuys ließ sich – komplett in Filz gehüllt – vom John F. Kennedy Airport mit einem Krankenwagen in die Galerie René Block fahren, um dort einige Tage mit einem Coyoten namens Little John zu verbringen. Der Coyote nimmt in verschiedenen Mythologien der Ureinwohner im Südwesten und in den Präriegebieten Amerikas eine zentrale Stellung ein. Er wird oftmals als listiger Trickster dargestellt, der eine menschliche Form annehmen kann und sich unter anderem mit den Mitteln des Humors und der Täuschung gegen gesellschaftliche Konventionen auflehnt. Stüttgen kommt über dieses Bild bzw. diese Aktion von Beuys zum Menschen als dem Zerstörer der Natur zu sprechen. Er beschreibt die Klimakrise und alle anderen Krisen unserer Zeit als miteinander zusammenhängend und führt sie auf ein und dieselben Ursache zurück. Der Mensch wird erst einmal grob als ein Wesen skizziert, das das Göttliche durch die Säkularisierung verlassen hat und dann im Materialismus gelandet ist. Heute muss der Mensch laut Stüttgen in dieser von Gott verlassenen Lage wieder selbst aus dem Dilemma der Zerstörung seiner eigenen Lebensgrundlagen herausfinden. Dies kann ihm aber nur mithilfe seiner ihm ureigenen Kreativität gelingen; Kreativität im Sinne einer ihm innewohnenden, göttlichen Schöpferkraft. Der Mensch wird dabei von Stüttgen als ein Wesen beschrieben, welches nicht nur die ökologischen Krisen verursacht hat, sondern regelrecht anrichten musste, um dann selbst zum Heiler dieser Zerstörung zu werden. Der einstige Zerstörer muss zum Heiler werden, denn ohne die Zerstörung der Natur könne es nicht zu dessen Heilung und Transformation in einem höheren Sinne kommen. Dazu Stüttgen:

> Wir Menschen brauchen zwar die Natur, aber die Natur braucht auch uns Menschen, damit sie endlich zu ihrer Erfüllung kommt, damit sie ihren eigenen Sinn erfüllt. Die Natur hat den Menschen hervorgebracht, wenn ich das einmal bildlich sagen darf, weil sie den Menschen brauchte. Warum sollte sie sonst den Menschen hervorbringen? Die Natur hat den Menschen hervorgebracht, weil sie weiß, dass der Mensch am Anfang stand. Das heißt, der Mensch war der Grund für die Natur. Denn Gott hätte ja die Natur nicht hervorgebracht, wenn er dahinter nicht einen Sinn gehabt hätte und dieser Sinn war die Erzeugung der Freiheit. Der Mensch ist genau der, der gebraucht wird, um die Freiheitsnatur aus der Natur zu befreien.[59]

Anknüpfend an diesen Gedanken formuliert er weiter: :

> Die Erde ist eigentlich unser Auftraggeber, die ganz klar sagt: Ich brauche diese und jene Bedingungen, damit ich zur Freiheit komme. Und der Mensch ist das Vollzugsorgan, der erst einmal die Natur zurückdrängen musste, damit er überhaupt als Freiheitswesen in Erscheinung treten konnte – auch sich selbst gegenüber – und jetzt aus einer Freiheit von der Natur, in eine Freiheit für die Natur kommen kann.[60]

Es geht bei diesen notwendigen Schritten der Heilung immer wieder um die Überwindung des konventionellen Denkens an sich:

> Solange wir den Tod nur als Naturereignis erleben, also als das Ende unserer biografischen, biologistischen Existenz auf Erden, haben wir ihn noch nicht begriffen. Wir müssen ihn vorweg begreifen, und man kann ihn nur begreifen, wenn man vorher das alte Denken sterben lässt. Weil das Denken nur dazu in der Lage ist, den Tod zu begreifen, wenn es selber stirbt.[61] Aber dieses selber Sterben muss ein bewusster Vorgang sein; wenn es sich nur automatisch abspielt, dann kommen wir in einen Stumpfsinn.[62]

Stüttgen spricht im Verlauf des Gespräches dann als Konsequenz dieser Sichtweise von der Idee einer sozialen Dreigliederung,[63] als einem ganz konkreten alternativen gesellschaftlichen Konzept, was uns klare Orientierungshinweise gibt, wie es in Zukunft weitergehen kann, wenn wir im tieferen Sinne in einen Prozess der Heilung des Sozialen und unseres Planeten kommen wollen. Als unseren derzeitigen Ausgangspunkt schildert er aber erst einmal eine sich immer stärker zuspitzende Notlage, unter der heute immer mehr Menschen immer mehr leiden:

> Wenn du in eine Notlage gerätst, in der du sagst: Ich halte es nicht mehr aus, an diesem Punkt, wo sich eine Ohnmacht, eine Unfähigkeit bemerkbar macht, bist du an einem Ausgangspunkt. Es beginnt nicht mit einer Fähigkeit, es beginnt immer mit einer Unfähigkeit und der Fähigkeit, diese Unfähigkeit als Freiheitsfähigkeit zu erleben. Daraus entstehen dann neue Fähigkeiten. Es geht nicht ohne die Notlage. Wenn diese Notlage in dir nicht innerlich, seelisch empfunden wird, wenn du dich immer nur ablenkst und betäubst, dann wird die Sache immer katastrophaler. Letztendlich musst du an einen Punkt kommen, an dem du es nicht mehr aushältst.[64]

Stüttgens Sichtweisen erscheinen vielleicht anmaßend und überheblich, denn eine Sonderstellung des Menschen derart zu betonen, scheint der heutigen, sich immer lauter artikulierenden Kritik an einem anthropozentristischen Weltbild diametral entgegenzustehen. Es würde den Rahmen dieses Textes sprengen, auf diese interessante Frage nach der Sonderstellung des Menschen innerhalb der ihn umgebenden Welt genauer einzugehen, auch wenn diese Trennung in Mensch und Welt auf einer anderen Ebene eine eher künstliche sein mag.

Auch der vermeintlich personifizierte Gottesbegriff widerspricht vielleicht manch spiritueller Sichtweise, die einen offeneren und weiteren Begriff einer eher abstrakten Schöpfungskraft vertritt. Letzten Endes ist es aber völlig egal, welchen Namen wir dem Prinzip des großen Unbekannten geben. In den verschiedenen mono- und polytheistischen Religionen gibt es hunderte von Gottesbegriffen. Es gibt in vielen Kulturen Himmels- und Sturm-, Sonnen- und Mondgötter. Die Freimaurer geben der transzendenten Schöpferkraft den eher vermenschlichten Namen des großen Baumeisters aller Welten, die Lakota nennen das große, unerklärliche Geheimnis *Wakȟáŋ Tȟáŋka.* Wer sich von Aspekten der formalen Begrifflichkeit einer bestimmten spirituellen Kultur abschrecken lässt, geht vermutlich einem eher oberflächlichen Missverständnis auf den Leim. Der Anspruch der Kunst an den Menschen ist es heute, zumal nach dem von Beuys eingeführten erweiterten Kunstbegriff, der auch in der berühmt gewordenen Formel »Jeder Mensch ist ein Künstler« in Erscheinung tritt, diese sozialen und damit auch ökologischen Fragen und Notlagen mit all seiner Kreativität und all seiner Kraft zu gestalten. Dies bedeutet aber nichts anderes, als das wir vor der enormen gesellschaftlichen Herausforderung stehen, dass heute jeder Mensch ganz persönlich gefordert ist, einen sehr hohen Anspruch an sich selbst, an seine ihm eigene Kreativität und damit an die Gestaltung dessen anzulegen, was wir die soziale und ökologische Frage nennen können.

Fünfter Teil

Einige Beispiele praktischer Anwendbarkeit von Postaktivismus

Wir befinden uns in einer Zeit ganzer und nicht halber Entscheidungen, in einem Augenblick, wo wir uns selbst ganz einsetzen müssen, wenn unsere Nation ihre eigene Torheit überleben soll. Jeder, der sein Handeln nach humanen Kriterien einrichtet, muss sich zu der Art von Protest bekennen, die seinen Überzeugungen am besten entspricht, aber protestieren müssen wir alle.

Martin Luther King, Riverside Church, NY

Postaktivismus im Privaten

Auch wenn die Idee des Postaktivistischen philosophische, poetische und somit auch irrationale Ebenen der Auseinandersetzung beinhaltet, so kann uns Postaktivismus auch im ganz Privaten und Alltäglichen weiterhelfen. Denn was sollte man mit einer poetisch anmutenden Theorie anfangen, wenn sie uns nicht auch Möglichkeiten zum praktischen Handeln eröffnen würde? Der Bogen der Möglichkeiten des praktischen Tuns lässt sich hier über viele unterschiedliche Ansätze spannen, die alle längst bekannt und oft gut erprobt sind; sie durchsetzen unsere Gesellschaft wie die Hefe den Teig einer leckeren Pizza. Immer wieder fragen wir uns, was wir ganz praktisch tun können, um der Krise unserer Zeit etwas entgegenzusetzen. Was wir im Angesicht einer sehr komplexen Krise tun können, ist, dass wir sie mit unserer eigenen Komplexität beantworten. Wir sind selbst sehr komplex in unserem Empfinden, Denken und Handeln. Demzufolge gibt es auch nicht nur eine einzige Antwort auf die Frage, was wir tun können, im Gegenteil: Unsere Antworten gebären eine ganz neue Welt. Fangen wir also im Kleinen an, denn wir Menschen sind wirkmächtig in den kleinen Dingen, und die Möglichkeiten, sich zu entwickeln und zu engagieren, sind überaus vielfältig. All unsere Handlungen oder Unterlassungen setzen Kräfte frei, die in die Welt getragen werden und ein Eigenleben in Art eines *morphischen Feldes* entfalten: Wir sind uns der Auswirkungen unserer Handlungen vielleicht nicht immer bewusst, aber unsere Gedanken und Taten sind Kräfte, die sich über unsichtbare Fäden und Netze von Mensch zu Mensch und von Generation zu Generation spannen.

Verzicht

Ich höre es immer wieder von allen Seiten: Verzicht wirkt auf uns Menschen angeblich abschreckend (Von welchen Leuten übernehmen wir eigentlich solche Behauptungen und halten sie, wenn wir nicht aufpassen, sogar für wahr?). Von Blaise Pascal stammt der Ausspruch: »Ich habe es oft gesagt: das ganze Unglück der Menschen kommt daher, dass sie nicht ruhig in einem Zimmer bleiben können.« In der Tat hat unser Expansionsverlangen und unser Bedürfnis nach stetig wachsender Mobilität eine Menge Schaden angerichtet. Wir sollten entschieden einen Halt einlegen, denn wir sind ganz offenbar an einer entscheidenden zivilisatorischen Wegkreuzung falsch abgebogen. Auf etwas bewusst zu verzichten, bedeutet dabei aber keinen Verlust, sondern steht bei genauerer Betrachtung sogar dafür, etwas zu gewinnen. Der Wind hat sich tatsächlich gedreht, und ich wage deshalb einmal die kühne Prognose, dass Verzicht schon bald ziemlich hip sein wird.

Dabei bringt uns eine Fokussierung auf CO_2 allein nicht weiter, wir sollten nicht denken, dass, wenn die Welt de-karbonisiert ist, plötzlich alles okay ist. Wir müssen überall die schwere Arbeit tun. Und wir müssen sie mit einem langen Atem, stoischer Gelassenheit, mit Leichtigkeit und Freude tun. Wir müssen vieles einfach nur NICHT mehr tun. Wir können in puncto Verzicht all die Dinge tun, die wir bereits kennen: Wir können biologische Nahrungsmittel kaufen und so ein politisches Statement setzen; wir können recyceln und reparieren; wir können gebraucht kaufen; wir können auf das Essen von Fleisch verzichten oder sogar vegan leben; wir können auf Flugreisen verzichten und dennoch glücklich und kosmopolitisch im besten Sinne des Wortes sein; wir können mit weniger auskommen und viel mehr Zeit für uns selbst und unsere Liebsten haben. Wir können im Verzicht eine ganz neue Welt entdecken.

Verzicht war schon immer das interessantere Konzept im Vergleich zu dem des Konsums im Überfluss. Tatsächlich ist es verblüffend, wie wenig wir eigentlich brauchen, um uns gut zu entwickeln. Wir brauchen einfache und gesunde Nahrung, ein Dach über dem Kopf, einen Ofen mit Katze, ein gutes Buch und Neugierde uns selbst gegenüber. Zugegebenermaßen brauchen wir noch ein paar Kleinigkeiten mehr wie eine möglichst intakte Umwelt, vielleicht ein Klavier, frisches Wasser und Gesundheit, Lakritze, einen klaren und unabhängigen Geist, tollen Sex mit einem Menschen, mit dem uns aufrichtige Liebe verbindet, ein gesundes Selbstwertgefühl, mit dem wir uns wohlfühlen, und eine liebevolle Gemeinschaft, in der wir uns angenommen fühlen. Natürlich auch schicke Klamotten, damit wir nicht nackt sind und unsere Persönlichkeit besser zum Ausdruck bringen können. Wenn wir lernen, uns auf das Wesentliche zu beschränken, bedeutet das nicht, dass wir uns deshalb zurückentwickeln, wie es immer wieder plump von den ewig gestrigen Verteidigern eines opulenten Lebensstils behauptet wird. Es geht nicht um Rückschritt. Es geht nicht darum, mit ungekämmtem Haar einsam in der berühmten Hütte im Wald zu leben, um so als Misanthrop einer aus den Fugen geratenen Welt den Rücken zu kehren. Wenn man die Frage, auf was man alles verzichten kann, mit ein wenig Sorgfalt verfolgt, merkt man schnell, dass es gar nicht möglich ist, sich dabei zurückzuentwickeln, denn mit weniger Dingen lenkt man sich automatisch auch weniger von den wesentlichen Dingen des Lebens ab. Man ist im bewussten und freiwilligen Verzicht immer auf sich selbst zurückgeworfen; bewusster Verzicht bedeutet Erkenntnisarbeit und Freude. Wenn eine Gemeinschaft oder ein Individuum sich aus freien Stücken dazu entschließt, auf etwas zu verzichten, was erst einmal begehrenswert und vorteilhaft erscheint, auf weitere Sicht aber anderen Lebewesen Leid zufügt, dann ist Verzicht moralisch und evolutionär ganz im Gegenteil ein ungeheuerlich emanzipatorischer Akt und ganz gewiss kein Rückschritt. Wir können uns als Menschen überwinden, wir können etwas tun, was einem höheren Ideal entspricht, an das wir glauben; eben dies unterscheidet uns in unserem Bewusstsein vom Tier. Wenn es uns als Individuum und dann mehr und mehr auch als Gesellschaft gelingt, mit weniger Dingen auszukommen, ist dies nichts weniger als ein revolutionärer Akt des Protests. Ein Akt, der die Wege der bisherigen, materialistischen Logik auf friedliche und bewusste Weise verlässt und dem bestehenden System den Boden entzieht. Deshalb sind Zero-Waste, Frugalismus, Downshifting und Minimalismus als Bewegungen so spannende und durchweg politische Lebensentwürfe. Auch regionale Währungen, solidarische Landwirtschaft, Repair-Cafés, Transition-Town-Projekte oder Tauschringe sind in diesem Sinne wichtige gesellschaftliche Versuchsfelder. Sie sorgen als kleine und subversive Zellen dafür, dass sich unsere Gesellschaften so verändern wie jene von der Biologin Norie Huddle beschriebenen Imagozellen, die im Reich der Insekten dafür sorgen, dass sich eine verfressene, kleine Raupe in einen wunderschönen Schmetterling verwandeln kann: »Diese Zellen repräsentieren also so etwas wie eine Zukunft, die schon in der Gegenwart enthalten ist und nach Entfaltung strebt. Und je mehr das alte biologische System krisenhafte Zerfallsstrukturen zeigt, desto wirksamer und zahlreicher werden die Imago-Zellen.«[65] Diese neuen Formen innerhalb unseres bestehenden, alten Systems vermindern nicht nur ganz konkret das Leid anderer, sie heilen auch uns selbst und den Planeten und können als Vorbild für andere dienen. Sie ermöglichen es, weniger einer oft unliebsamen und stupiden Erwerbsarbeit nachzugehen, denn wer weniger konsumiert und arbeitet, verfügt über mehr Zeit für neue Lebensentwürfe, für Kinder, Partnerschaft, Hobbys, für die Welt an sich und die Erforschung der eigenen Mysteriösität. Was die tiefere Bestimmung und die Mysterösität des Menschen anbelangt, kann man eines sicherlich an dieser Stelle sagen, ohne zu viel zu verraten: Wir sind ganz bestimmt nicht nur auf Erden, um die Natur zu zertrampeln, uns vollzustopfen, Kriege anzuzetteln, die wenigen Reichen und die zum Teil dämlich-düsteren[66] Gestalten durch unseren Konsum noch reicher und noch dämlicher zu machen, während wir uns dabei per Selfie auf Instagram oder TikTok dokumentieren. Ganz egal, was es auch sein mag, wir sind mit Sicherheit zu Höherem berufen.

Eigenliebe und Selbstachtung

Die grundlegendste praktische Anwendung von Postaktivismus ist es, sich selbst zu lieben und im Angesicht der vielfältigen und erdrückenden Krisen erst einmal cool zu bleiben. Wie vieles an Konsum und prestigeträchtigen Handlungen vollziehen wir aufgrund unserer Suche nach Anerkennung und Liebe? Wie sollen wir auf die Krisen der Welt reagieren, wenn die größte Krise in uns selbst steckt? Wenn wir wirklich selbstbewusst sind und in uns selbst die Kraft finden, uns mit uns selbst zu beschäftigen, könnten wir die Lust erfahren, was es heißt, in einem tieferen Sinne Mensch zu sein. Dann bräuchten wir von allem sehr viel weniger und müssten uns nicht durch äußere Dinge definieren. Erst wenn es uns gelingt, uns selbst anzunehmen, können wir auch für andere da sein. Wir können unseren Angehörigen mit mehr Geduld begegnen, einen Freund, einen Fremden oder gar einen Feind in Not aufnehmen oder einem elternlosen Kind ein Zuhause geben.

Positives Denken

Zum positiven Selbstbild und zum achtsamen Umgang mit uns selbst gehört es auch, zu verhindern, sich mit zu vielem Negativem zu umgeben.

Wir sollten ab und an für eine gewisse Zeit die tagesaktuellen Nachrichten abdrehen. Das bedeutet nicht, dass wir deshalb unkritisch sein müssen oder die Augen vor den vielen schrecklichen Dingen verschließen, die auf der Welt geschehen. Wenn wir aber beginnen, uns im Negativen zu suhlen und uns dabei auch über das Unrecht der Welt stellen anstatt es als einen Teil von uns selbst zu verstehen, helfen wir damit niemanden. Im Gegenteil, wir laufen Gefahr, uns in Lethargie und Zynismus zu verlieren. Oder wie Nietzsche sagt: »Wer mit Ungeheuern kämpft, mag zusehn, dass er nicht dabei zum Ungeheuer wird. Und wenn du lange in einen Abgrund blickst, blickt der Abgrund auch in dich hinein.« Ich habe es immer für richtig gehalten, an den positiven Gegenentwürfen zu arbeiten und so dem Negativen seine Kräfte zu entziehen. Was nicht bedeutet, nicht gegen ein Unrecht aufzustehen. Wir können die Welt und uns selbst aber nur dann positiv beeinflussen, wenn wir lernen, positiv zu denken. Und das schließt auch ein, Leid, Trauer, Schmerz und den Tod besser zu verstehen. Wir sollten solch rätselhafte Phänomene mit einem gewissen Abstand beobachten, vor allem in uns selbst, ohne Furcht, aber mit einem möglichst unvoreingenommenen Blick. Es ist wichtig, sich diesen Kräften zu stellen. Sie sind nicht immer das, was sie zu sein vorgeben.

Authentisch sein

Rege dich auf, sei gemein, verdamme dein Gegenüber, lästere über deine Kollegen – aber krieg‘ dich auch wieder ein. Es ist völlig normal und gesund, verzweifelt und auch einmal bösartig zu sein. Das gehört unzweifelhaft zu unserem menschlichen Repertoire. Es nützt nichts, sich mit gewaltfreier Kommunikation zu befassen, wenn man nicht auch einmal herzlich fluchen und vorverurteilen kann. Negative Gefühle zu unterdrücken, ist sinnlos. Wenn sie sich verändern sollen, müssen wir ihnen Zeit geben und sie verdauen, niemandem ist damit geholfen, Ich-Botschaften zu empfangen, wenn man merkt, dass das Gegenüber innerlich brodelt. Wir müssen uns selbst und gegenseitig immer wieder aufs Neue verzeihen. Unsere Gefühle verwandeln sich dann zu etwas anderem.

Zufriedenheit und Glück

Es mag sich wie ein altmodisches Ideal anhören, aber es gibt immer wieder die Gelegenheit und die Verpflichtung, das Schöne, Gute und Wahre, den Zauber und das Magische des Lebens wahrzunehmen. Es ist überall, wir müssen nur von Zeit zu Zeit inne halten und es uns bewusst vor Augen führen. Wir finden es in uns und im Gegenüber. In den Tieren, Pflanzen und Dingen dieser Welt. Es schimmert immer wieder durch die Risse des Alltags und der materiellen Welt hindurch. Vielen solcher Situationen und Dingen können wir uns mit Dankbarkeit und Achtung widmen, auch wenn sie im Alltag durch unsere Gewohnheit oft nicht leicht zu bemerken sind. Dies sind die großen Themen in Bezug auf unser Glück: Bescheidenheit und Dankbarkeit dafür zu hegen, was man hat. Dies stellt uns in einen realistischen Zusammenhang zu den Dingen dieser Welt und gilt nicht nur in der Glücksforschung als die tiefere Grundlage von Zufriedenheit. Versuchen wir, mit wenig auszukommen, auch wenn wir viel haben. Machen wir uns innerlich unabhängig von äußeren Dingen.

Verantwortung für sich und andere

Verantwortung beinhaltet die Eigenverantwortung, die man für sich selbst trägt, aber auch die Verantwortung, die sich aus dem eigenen Handeln für andere ergibt. Wir können lernen, bei allem, was wir tun, unser Handeln und Nichthandeln kritisch zu hinterfragen. Was oder wen unterstütze ich mit meinen Handlungen, was oder wen unterstütze ich nicht. Welche Verkettung ergibt sich aus meinem Handeln? Es kann durchaus Spaß machen, sich der eigenen Verantwortlichkeit mehr und mehr bewusst und ihr Stück für Stück besser gerecht zu werden. Natürlich können wir nicht alles auf einmal verstehen und umsetzen, wir können uns aber auf den Weg machen – auf einen ganz einzigartigen, ganz persönlichen Weg. Ohne Panik, keine Eile, wir haben Zeit.[67]

Bei der Verantwortlichkeit für andere kann man mit dem eigenen Nachwuchs anfangen. Denn ich meine, wenn man es sich denn wünscht, sollte man auch Kinder bekommen, trotzdem sie sehr CO_2-intensiv sind und die Welt den Bach runter zu gehen droht.[68] Meine Töchter sind acht und sechzehn Jahre alt und haben schon auf die ein oder andere Weise von solchen Themen wie Klimawandel, Artensterben und dem Plastik-Problem unseres Planeten gehört. Ich versuche sie von diesen schweren Themen weitestgehend fernzuhalten oder ihnen zu ermöglichen, auf spielerische, kreative und humorvolle Weise damit umzugehen. Das ist wichtig, damit sie in erster Linie das tun können, was in ihrem Alter das wichtigste ist: So viel wie möglich unbeschwert spielen. Meine Kinder interessieren sich weder für den Klimawandel noch für den Verlust der Arten oder die Übersäuerung der Meere; sie sind mit wichtigeren Dingen wie Kaugummi, Regenwürmern, Regenbögen, Eichhörnchen und Einhörnern beschäftigt. Wenn Sie etwas für das ökologische Bewusstsein Ihrer Kinder im Sinne des Postaktivismus tun wollen, dann lassen Sie sie so lange es geht Kind sein. Lassen Sie sie bei Ihnen im elterlichen Bett schlafen und schicken Sie Ihre Kinder nicht auf eine staatliche, sondern auf eine alternative Schule, in der weniger Leistungsdruck herrscht. So wird ihnen nicht die Freude am Lernen versaut (alle Eltern sollten sich mit Reformpädagogik und den Ideen des Home- oder Unschoolings befassen). Auch lernen Kinder am besten, wenn wir ihnen, quasi gegen ihren Willen, systematisch den Zugang zu zuviel Schrott im Kinderzimmer erschweren. Gut gemeinte Geschenke der Verwandtschaft in Form von Sondermüll sollten wir heimlich verschwinden lassen und unsere Kinder ansonsten möglichst in Ruhe aufwachsen lassen statt sie zu erziehen. Langeweile tut Kindern besonders gut, denn ohne Langeweile werden Kinder nicht kreativ. Wenn wir unseren Kindern etwas Gutes tun wollen, sollten wir uns im Alltag zweckfreie Zeit für sie nehmen. Lassen Sie uns zu immer gelasseneren und humorvolleren Erwachsenen werden, die sich wohl in ihrer eigenen Haut fühlen und sich für sich selbst und die Welt dort draußen interessieren. Seien wir Menschen, die lebendige und aufrichtige Beziehungen zu anderen Menschen und zur Natur pflegen, seien wir ein authentisches Vorbild für unsere Kinder. Lassen Sie uns unsere Kinder so nehmen wie sie sind; sie bringen eine ganz eigene und geheimnisvolle Welt mit, die es zu entdecken und wertzuschätzen gilt. Wir können die Wirklichkeit nicht vor unseren Kindern verstecken; Kinder sind nicht blöd und die Wirklichkeit, wohl dosiert und im richtigen Alter entdeckt, macht unsere Kinder stark. Kinder sind nicht nur sehr verletzliche Wesen, sie sind eben auch stark, man kann ihnen durchaus etwas zumuten. Wir sollten ihnen aber im Alltag keine Entscheidungen zumuten, denen sie nicht gewachsen sind. Wir können mit unseren Kindern gemeinsam Tomaten aussäen und später gemeinsam einen Tomatensalat zubereiten. Wir können gemeinsam einen köstlichen Kuchen mit selbst gepflückten Pflaumen backen. Erlauben Sie Ihren Kindern aber nicht, dabei zu viel zu naschen, sonst wird es schnell langweilig, mit den Fingern in den Teig zu fahren. Es ist schön, wenn Wünsche unerfüllt bleiben und manche Dinge strengstens und sogar allerstrengstens verboten sind. Wir leben in einer Zeit der totalen Entgrenzung, daher ist es wichtig, Dinge künstlich zu verknappen, denn es ermöglicht den Kindern, sich auf etwas zu freuen. Das können sie nicht, wenn immer alles erlaubt und verfügbar ist. Kinder brauchen Rituale, sie lieben das Geheimnisvolle. Lassen Sie Ihre Kinder erleben, dass Ihre Katze einmal Kitten bekommt. Päppeln Sie gemeinsam einen aus dem Nest gefallenen Vogel auf, versuchen Sie es zumindest. Zeigen Sie Ihren Kindern, welches Leben sich unter einem großen Stein tummelt (und legen hinterher den Stein wieder vorsichtig an seinen Platz zurück). Kinder sind großartige und furchtbare Wesen, also küssen und herzen Sie sie, solange es geht.

Kunst und Kreativität

Wir müssen die Forderung von Beuys »Jeder Mensch ist ein Künstler« ernst nehmen. Man könnte hinzufügen, jeder Mensch ist *potentiell* ein Künstler. Jeder Mensch muss diesen hohen Anspruch heute an sich selbst anlegen: Alle meine Handlungen und komplexen Tätigkeiten müssen einem im wahrhaftesten Sinne des Wortes künstlerischen Anspruch genügen. Wir können uns handwerklich, künstlerisch, spirituell, emotional und intellektuell pimpen, ohne jemals an eine Grenze unserer Fähigkeiten zu stoßen. Wir können handwerkliche Meisterschaft und innere Weisheit anstreben. Es gibt keine bessere Investition in die Zukunft als die in die Entwicklung der eigenen Persönlichkeit. Bücher lesen, Meditieren, Tanzen, Singen, Kochen, Stricken, Malen, Töpfern, einen Garten anlegen, Bäume pflanzen, öfter mal ein Nickerchen machen, Croquet oder Dart spielen fördern unsere Kreativität und bringen positive Energien in die Welt. Mit derselben Leidenschaft, wie Michelangelo die Sixtinische Kapelle bemalte oder seinen David aus einem riesigen Marmorblock herausgeschlagen hat, müssen wir heute unsere alltäglichen Arbeit tun. Dabei ist es völlig egal, in welchem Bereich wir gestalterisch tätig sind. Diese Forderung gilt heute nicht mehr nur im Bereich der Bildenden Kunst, sie gilt auch im Gesellschaftlichen, im Sozialen und im Ökologischen. Das meinte Beuys mit seiner Idee einer auf alle Lebensbereiche ausgedehnten Sozialen Skulptur, an der wir alle mitarbeiten können, ganz egal an welcher Stelle der Gesellschaft wir stehen.

Engagiert euch mehr!

All unsere Bemühungen, Gutes zu tun und Leid zu lindern, tragen in Bezug auf die Klimakrise stets die Gefahr in sich, letztlich ins Leere zu laufen, weil sie das konventionelle Denken, mit dem wir so sehr vertraut sind, stützen und aufrecht erhalten. Wir wagen nicht, unsere Sicht- und Lebensweisen grundsätzlicher zu hinterfragen und so konzentrieren wir uns oftmals auf kosmetisches Engagement, um uns gut zu fühlen oder etwas cooler zu wirken – und dann ohne zu viel Anstrengung wieder zur gewohnten Tagesordnung überzugehen (Netflix). Wenn wir Geld spenden, online Kampagnen unterzeichnen und demonstrieren gehen, ändern wir nicht das Grundsätzliche. Wir sorgen lediglich dafür, dass wir uns vor uns selbst nicht mehr ausreichend Rechenschaft darüber ablegen müssen, was eigentlich notwendig wäre. Bei unserem bisherigen Engagement handelt es sich oftmals um eine Art Ablasshandel, der uns ein angenehmes Gefühl verschafft, das Gefühl, etwas Gutes getan zu haben, um uns anschließend beruhigt zurückzulehnen. Wenn uns aber auf längere Sicht etwas an unserer seelischen Gesundheit liegt, sollten wir solche versteckten

Unstimmigkeiten in uns aufspüren und versuchen, das Grundsätzliche zu ändern, anstatt uns unserer Gewohnheiten zu ergeben. Diese nur allzu menschlichen Mechanismen zu durchschauen und solche Muster aufzubrechen, ist Postaktivismus.

Es ist für unser Engagement wichtig, ökologische oder soziale Fragestellungen, die uns problematisch erscheinen, nicht vorschnell zu interpretieren, sondern diese in Ruhe über einen längeren Zeitraum zu beobachten und sie genau zu beschreiben. Nur so können wir erkennen, an welchen Stellen die Art und Weise, wie wir auf die Krisen der Gegenwart reagieren, problematisch oder tatsächlich sogar Teil der Krise selbst ist. Die ökologischen und sozialen Probleme langsamer, genauer und gelassener zu betrachten, kann es begünstigen, sie nicht nur als mechanisch und technisch lösbar zu verstehen, sondern auch intuitivere, irrationale und künstlerische Sichtweisen einzubeziehen, die eine tiefere Sicht auf die Dinge begünstigen. Wir können beginnen, gemeinsam auszuhandeln, welche Formen des Protestes, des Widerstandes, der Wirklichkeit, des Chaos, der Gelassenheit und der Risikobereitschaft wir zukünftig überhaupt brauchen, um die Dinge grundsätzlicher zu verändern. Dabei geht es auch darum, die Welt nicht reflexartig in Gut und Böse zu unterteilen, sondern uns immer wieder unserer eigenen vielfältigen Verstrickungen bewusst zu werden; sei es in unserem Konsumverhalten oder bei der Fortschreibung vorhandener, problematischer gesellschaftlicher Strukturen und Systeme. Unser Engagement – auf welcher Ebene auch immer – muss zukünftig unsere neue Komfortzone und als wesentlicher Teil unserer inneren Karriere verstanden werden. Es macht Spaß, sich zu engagieren, über sich selbst hinaus zu wachsen und sich selbst besser kennenzulernen. Eine Petition zu unterschreiben oder etwas, was einem wichtig erscheint, zu liken oder weiterzuleiten, mag toll sein. Nur kurz zu duschen, auf Plastik, den Genuss von Fleisch, das Auto und Flugreisen zu verzichten, ist auch gut – all dies reicht aber nicht aus. Das alles sind Peanuts im Vergleich zu dem, was nötig ist, wir müssen uns viel mehr und viel grundlegender engagieren. Das bedeutet nicht, dass diese Dinge und Handlungen unwichtig sind – sie haben ihre Berechtigung und ihre

Wirkung. Kein Argument ist feiger und rücksichtsloser, als zu behaupten, dass all diese Dinge nichts bewirken, dass gar nichts mehr hilft und es eh zu spät ist. Wir müssen es üben, in anderes Fahrwasser zu gelangen. Wir müssen uns viel besser weiterbilden, vernetzen und organisieren; denn wir brauchen nicht alles alleine machen. Erst wenn wir uns selbst mobilisieren, können wir künftig auch größere Massen mobilisieren. Wir müssen insgesamt viel tiefer schürfen, viel ganzheitlicher denken und viel konsequenter handeln. Wir haben die Möglichkeit, all unsere Sinne zu schärfen und das Unsichtbare viel stärker in den Blick zu nehmen. Und weil es an dieser Stelle so gut passt und es wichtig ist: Wir müssen ganz sicher unsere Ressentiments gegenüber Texten wie diesem überwinden, wenn sie einen appellierenden Charakter haben und hier und da auf den freudvollen Imperativ »Wir müssen« abheben.

Postaktivismus in der Öffentlichkeit

Wenn man sich im Sinne des Postaktivismus im beruflichen oder im ehrenamtlichen Zusammenhang engagieren möchte, gibt es viele interessante Möglichkeiten. Es gibt beispielsweise seit langem die Ideen einer Postwachstums- oder Gemeinwohl-Ökonomie, der man sich anschließen kann. Es gibt unterschiedliche Klimainitiativen wie die von Extinction Rebellion, Fridays For Future, Ende Gelände, Die Letzte Generation und andere, in denen man sich einbringen kann. Es gibt die biologische und die biologisch-dynamische Landwirtschaft, es gibt Institutionen, die an der Idee der Dreigliederung des Sozialen Organismus (s. Fußnote 60) arbeiten oder der eines völlig Bedingungslosen Grundeinkommens. Es gibt die Ideen der Bürger*innenräte oder die einer direkten Demokratie. Es gibt viele kleinere Initiativen wie Tauschringe, Repair-Cafés, Bürger*innen-Gärten und Transition-Towns. Es gibt freie Schulen und Waldorfschulen, nachhaltige Produkte aller Art und Bioläden, in denen man arbeiten kann. Es gibt Musikschulen, Sportvereine, Nachbarschaftshilfe, Telefonseelsorge und Kirchenchöre. Es gibt die künstlerische und durchaus lebenspraktische Idee einer Sozialen Plastik, in deren Ideenzusammenhang man sich begeben kann, all die wichtigen Bürger- und kirchlichen Initiativen der Zivilgesellschaft. Es gibt die vielen NGOs, die seit vielen Jahrzehnten eine wichtige und vorbereitende Arbeit machen, indem sie sich oftmals im Ehrenamtlichen engagieren. Was für eine wirkmächtige Bewegung unsere Gesellschaft überall durchwebt, wenn man einmal genauer hinsieht, und wie kraftvoll sie wäre, würde sie sich auf bestimmten Ebenen zu einer großen Bewegung zusammenschließen anstatt sich in Konkurrenz zueinander zu verstehen. Viele dieser Initiativen und Institutionen haben im Hintergrund ein spirituelles weltanschauliches Fundament, sie sind dabei aber durchaus praktisch ausgerichtet, was genau ihre Stärke ist. Sie dümpeln nicht im privaten Erleuchtungswunsch vor sich hin, sie stehen tatkräftig und entschieden mit beiden Beinen auf dem Boden der durchaus weltlichen Tatsachen. Man muss also nicht zwangsläufig ein verdächtig sanftmütiger Esoteriker oder eine Schamanin mit Glöckchen am Fußgelenk sein, um die Ideen solcher Initiativen für gut zu befinden; sie richten sich ganz schmucklos und konkret auf den menschlichen Umgang miteinander und darauf, wie eine Gesellschaft in Einklang mit seinen Individuen und der Natur zusammenleben kann, ohne die eigene Gesundheit oder die unseres Planeten zu ruinieren. Es gibt aber natürlich überall in diesen Feldern auch die verkrusteten, bürgerlichen Strukturen, die es aufzubrechen, zu hinterfragen und neu zu inspirieren gilt.

Die vielen von mir angeführten Beispiele praktischen Handelns stehen nicht im Widerspruch zu dem, was ich mit dem Begriff des Postaktivismus meine, ich möchte das an dieser Stelle noch einmal betonen, weil es immer wieder zu der Frage kommt, was denn jetzt der prägnante Unterschied zwischen Aktivismus und Postaktivismus ist. Es ist dabei wichtig zu verstehen, dass es bei der Idee des Postaktivismus nicht darum, den bisherigen Aktivismus zu optimieren, es geht um etwas sehr viel Grundsätzlicheres. Es geht um eine erweiterte, tiefere Sicht auf das Leben, auf die Natur und auf uns selbst als untrennbarem Teil der Natur. Es geht um die immer dringlicher werdende Notwendigkeit eines allumfassenden Wandels aller Bereiche unseres Lebens, nicht nur um das Verändern des Aktivismus wie wir ihn kennen. Es geht im Umkehrschluss darum, dass es nicht – wie es noch immer sehr viele Menschen meinen – damit getan ist, die Probleme, mit denen wir es heute zu tun haben, mit denselben technischen Methoden zu lösen, mit denen wir sie verursacht haben. Es geht darum, zu verstehen, dass wir nicht diejenigen sind, die stets alles in der Hand haben, die alles verstehen und beherrschen können. Es geht darum, unsere Vorstellungen von linearem Fortschritt in Frage zu stellen. Es geht dabei aber auch nicht darum, unser rationales Denken zu überwinden, ganz im Gegenteil, rationales Denken ist toll und wir denken vermutlich viel zu wenig rational. Wir brauchen im Gegenteil ein so kristallklares und rationales Denken, dass uns eben auch das Irrationale und das Poetische in all seiner ganz eigenen Logik aufgeht. Es geht darum, dass wir uns mit den Folgen unseres postkolonialen Erbes auseinandersetzen, und es geht darum, *wirklich* an den Dimensionen indigenem Wissens oder der Poesie anzuknüpfen und nicht nur ein bisschen. All dies schließt aber nicht aus, weiterhin Kunststoff zu recyceln, auf Fernreisen zu verzichten oder sich vegan zu ernähren.

Es gibt ganz konkret postaktivistische Gemeinschaften, mit denen man sich vernetzen und austauschen kann. Ein internationales Forum dieser Art ist das von Charles Eisenstein gegründete *NAAS Forum.*[69] Báyò Akómoláfé betreibt gemeinsam mit einigen Mitstreiterinnen und Mitstreitern ein digitales Netzwerk namens *The Emergence Network.*[70] Er ist auch der Initiator des regelmäßig international stattfindenden Workshops *We Will Dance With Mountains.*[71] Auf unkonventionelle und kreative Protestformen trifft man in solchen Initiativen wie denen der *The Yes Men*[72] oder des *Zentrums für Politische Schönheit*[73]. Das *Culture Hack Lab*[74] und viele andere Netzwerke und Think Tanks arbeiten an den heute nötigen Narrativen für einen sehr grundlegenden kulturellen Wandel. Es ist natürlich auch überaus sinnvoll, selbst Gemeinschaften und Netzwerke zu gründen oder mit Freunden eine Veranstaltung zum

Thema Rassismus, Klimawandel, Tierrechte oder Frieden im eigenen Dorf oder Stadtteil zu organisieren.

Ich habe im Mai 2018 den Versuch unternommen, mit den Mitteln der Kunst eine eigene, kleine Initiative auf den Weg zu bringen, um künstlerisch einen neuen Weg einzuschlagen. Diese Initiative habe ich damals vordergründig und intuitiv mit dem Zusatz Postaktivismus verknüpft, um ihr einen progressiven Charakter zu verleihen und um sie vom herkömmlichen Aktivismus abzugrenzen. Zusammen mit dem Künstler und Photographen Marcus Gründel habe ich eine relativ traditionelle Demonstration durch die Straßen von Berlin organisiert. Wir sind damals mit einer Rikscha und einigen hundert Teilnehmer*innen im Schlepptau unter polizeilicher Eskortierung zu klassischer Soul-Musik der 60er Jahre durch die Stadt geschlendert, um auf das Problem der Plastikvermüllung unseres Planeten aufmerksam zu machen.[75] Die Grundidee dieser Demonstration war es, die Menschen dazu aufzurufen, ihren Plastikmüll in größerem Maßstab zu sammeln, um ihn dann an einem besonderen Stichtag gemeinsam und dezentral auf die Straßen Berlins zu bringen. Sichtbarmachung statt Mülleinsammlung – pünktlich zum damaligen internationalen »World Cleanup Day«[76]. Die Reaktionen auf diese Idee waren damals eher verhalten, im Großen und Ganzen stieß sie eher auf das Unverständnis der Leute. Die Vorstellung, den eigenen Kunststoffmüll aus Protest auf die Straßen zu werfen, anstatt ihn auf öffentlichen Spielplätzen oder im Naherholungsgebiet vorbildlich einzusammeln, war dem durchschnittlich ordnungsbewussten Deutschen wohl doch etwas suspekt. Im Zusammenhang mit Protest und Widerstand im öffentlichen Raum gilt es aber sicherlich in Zukunft größere und selbstbewusstere Schritte zu machen als bisher.

Sechster Teil

Eine revolutionäre Bewegung

> Für mich ist der beste Teil der Kreativität die Zusammenarbeit mit Freunden und Kollegen. Meine sind zufällig Bären, Schweine, Ratten und Pinguine, aber du musst nehmen, was für dich passt
>
> *Kermit der Frosch*

Ich verstehe mich auf die Kunst des Kaffeesatz-Lesens, und mein Kaffeesatz sagt, dass wir eine revolutionäre Bewegung auf die Beine stellen und so auf demokratischem Wege eine neue Gesellschaftsordnung schaffen werden; Bruno Latour verknüpft diese Bewegung in seinem letzten und für Aktivistinnen und Aktivisten überaus empfehlenswerten Buch[77] mit dem Begriff einer sogenannten ökologischen Klasse. Auf ähnliche Weise wie beim Thema Verzicht wird seit Jahrzehnten immer wieder und von allen möglichen Seiten behauptet, dass die Zeit der großen Revolutionen menschheitsgeschichtlich vorbei sei. Das ist erstens nicht wahr und zweitens allein im Hinblick auf die globale Krise überaus unwahrscheinlich. Im Gegenteil: Wir stehen im Grunde genommen vor der gewaltigsten, schrecklichsten und schönsten Revolution aller Zeiten!

Der französische Diplomat Stéphane Hessel sagte 2011 in dem unter dem Titel »Engagiert Euch!« bekannt gewordenen Interview mit Gilles Vanderpooten über die Idee der Formulierung der Allgemeinen Erklärung der Menschenrechte der Vereinten Nationen:

> 1945 ging es darum, die Menschheit von der schrecklichen Last des Totalitarismus, des Nationalsozialismus, des Faschismus zu befreien und

> hierfür die UNO-Mitgliedstaaten auf Rechte von universeller Geltung einzuschwören. Das Ziel war ungeheuer ehrgeizig. Die Länder des Südens, des Westens und des Ostens, des Okzidents und des Orients sollen sich auf einen Kodex von Werten, Freiheiten und allgemeinen Rechten einigen, auch wenn diese nicht unbedingt ihrer Tradition entsprachen. Es sollte ein Text entstehen, der den Kulturen aller Länder offenstand und kein Land schockierte. Dieses ehrgeizige Ziel wurde am 10. Dezember 1948 erreicht, als 48 Staaten im Pariser Palais de Chaillot für die Annahme der Allgemeinen Erklärung der Menschenrechte stimmten. Da gab es nun auf einmal eine Weltorganisation und dazu einen Menschenrechtstext, der von sehr unterschiedlichen politischen Regimes verfasst worden war. Noch nie war zuvor von »Menschenrechten« im Weltmaßstab die Rede gewesen! Zum ersten Mal erschien vor unseren Augen die Weltgemeinschaft als einheitliches, interdependentes und solidarisches Gebilde.[78]

Diese Aussage ist gut auf die heutige Zeit übertragbar. Wenn wir darüber nachdenken, was wir heute bräuchten, müsste er heute aber folgendermaßen lauten:

> Es geht heute darum, die Menschheit von der schrecklichen Last des Kapitalismus, der jedweden Fortschritt verhindernden Bürokratie, der Zerstörung unserer natürlichen Lebensgrundlagen, der Erderwärmung und Vergiftung unseres Planeten zu befreien und hierfür erneut die UNO-Mitgliedstaaten auf Rechte von universeller Geltung einzuschwören. Das Ziel ist ungeheuer ehrgeizig. Die Länder des Südens, des Westens und des Ostens, des Okzidents und des Orients sollen sich auf einen Kodex von Werten, Beschränkungen und allgemeinen Rechten einigen, auch wenn diese nicht unbedingt ihrer vermeintlichen Tradition entsprechen. Es sollte ein Text entstehen, der den Kulturen aller Länder offensteht und kein Land schockiert. Dieses ehrgeizige Ziel wurde endlich erreicht, als alle Staaten für die Annahme der Allgemeinen Erklärung der Menschen, Tier- und Naturrechte stimmten. Da gab es nun auf

> einmal eine Weltorganisation und dazu einen den gesamten Planeten betreffenden und verbindlichen Rechtstext, der den unbedingten und radikalen Schutz der Weltmeere, des Bodens, der Luft, der Pflanzen und Tiere betraf und der von sehr unterschiedlichen politischen Regimes verfasst worden war. Noch nie war zuvor von »Natur- und Menschenrechten« im Weltmaßstab die Rede gewesen! Zum ersten Mal erschien vor unseren Augen die Weltgemeinschaft als einheitliches, interdependentes und mit dem gesamten Planeten in Solidarität verbundenes Gebilde.

Das klingt eigentlich nicht besonders abwegig oder utopisch. All die Anstrengungen der Vergangenheit, alles, was unsere Urahnen, unsere vielen Schwestern und Brüder je riskiert haben, alles, woran sie mit festem Glauben gearbeitet haben, wofür sie gelebt oder wofür sie ihr Leben gelassen haben, um diese Welt zu einem gerechteren und schöneren Ort zu machen, war in Hinblick darauf, was uns bevorsteht, in gewissem Sinne nur die Vorbereitung. Wir werden uns den besten unserer Vorfahren anschließen und ihre Arbeit selbstbewusst und vertrauensvoll fortsetzen. Bruno Latour äußerte sich in einem Interview des deutsch/französischen Kultursenders ARTE, zur ökologischen Krise als Chance für eine zukünftige Kultur folgendermaßen:

> Es klingt seltsam, aber wir erleben eine großartige Epoche. Das sind entscheidende Momente, in denen sich unsere Kosmologie verändert. Das ist, etwas vereinfacht gesagt, ähnlich wie damals, als die antike Kosmologie von der Moderne abgelöst wurde, im 16., 17. und 18. Jahrhundert, was ebenfalls eine tolle Epoche war. Da passierte unheimlich viel in der Kunst, in Wissenschaft und Kultur. Wir sind in einer ähnlichen Phase und das überfordert uns, das stimmt. Denn wir erleben gerade eine echte Katastrophe, eine regelrechte Tragödie, weil wir nicht reagiert haben. Aber die Dinge öffnen sich auf wirklich außergewöhnliche Weise. Außerdem ist es nicht die Aufgabe des Philosophen, in die Klagen einzustimmen, die man überall hört von den Apokalyptikern. Wir müssen dazu anspornen, zu handeln. Ich persönlich bin davon überzeugt,

> dass die Ökologie radikal Einzug halten wird, dass sie kollidieren wird mit vielen Überzeugungen der Moderne. Das könnte ein Crash werden. Aber wenn wir gelandet sind, ist alles gut. Dann sind wir bei uns angekommen. Endlich werden wir verstehen, was da passiert. Die Moderne hatte uns in eine Welt transportiert, die unbewohnbar und total utopisch war. Dort haben wir alles aufgegeben, alle früheren Überzeugungen. Eine Metapher dafür ist der Traum, zum Mars zu fliegen. Die Erde ist langweilig, aber der Mars ist interessant. Dass diese mythische Vorstellung, zu fliegen, abzuheben, langsam verschwindet, dass sie lächerlich gemacht wird, ist wunderbar. Nun eröffnen sich neue Landschaften, eine neue Erde, das ist doch gut. Und was braucht es auf dieser neuen Erde? Bewohner! Ich finde es interessant, erneut die Fragen zu stellen: Wie sehen diese Bewohner, wie sieht diese neue Erde aus? Wir erkennen gar nicht, wie sehr uns die Moderne einengte. Es war furchtbar, man wurde immer sturer. Diese Last der Modernisierungsfront, dieser Zwang, zu sagen: Das ist modern, das ist archaisch – das war erdrückend. Man hat keine Situation mehr analysiert. Das alles wurde weggefegt, was natürlich hart für uns ist. Aber auch sehr erleichternd.[79]

Wir werden also alles neu organisieren, vieles vom Kopf auf die Beine stellen und eine Menge unnützes Zeug über Bord werfen. Wir werden lernen, uns in Demut zu üben; wir werden uns zurücknehmen. Wir werden unseren geliebten Kaulquappenschwanz überwinden und uns Arme und Beine wachsen lassen wie ein richtiger Frosch. Wir werden unsere unersättlichen Bedürfnisse in ein gesundes Verhältnis zu den Bedürfnissen anderer Wesen setzen. Wir werden unser Glück und unseren Wohlstand erst dann genießen können, wenn wir wirklich wissen, dass es anderen Wesen auch gut geht. Wir werden ohne unsere zum Teil unanständigen Annehmlichkeiten leben, wir werden zurückkehren zum menschlichen Maß, wir werden schrumpfen, um zu gedeihen. Wir werden sehr hohe moralische Ansprüche an uns selbst anlegen, wir werden uns auf bisher ungeahnte Weise engagieren und wir werden es unentgeltlich tun. Wir werden durch unser Engagement Menschen kennenlernen, die bisher vielleicht nichts mit uns zu tun haben wollten; wir werden ganz neue Freunde finden.

Wir gehen heute als Menschheit durch eine Initiation, wir stecken mitten in einer Art Geburtsvorgang und dieser ist immer auch mit Ängsten und Schmerz verbunden. Für einen gesellschaftlichen Wandel brauchen wir viele einzelne Menschen, die dort, wo sie stehen, an den neuen Narrativen arbeiten. Wir brauchen aber auch eine große, zivilgesellschaftliche Vereinigung, eine gut organisierte und relevante Bewegung, die zumindest die magischen 3,5–10 % der Bevölkerung erreicht.[80] Diese Bewegung bekommen wir aber nur dann auf die Beine, wenn wir uns über trennende Details unserer Sichtweisen und auch des Bildungsniveaus hinwegsetzen, unsere Kontaktscheu gegenüber andersdenkenden und vielleicht sogar hier und da verdächtigen oder uns dumm erscheinenden Menschen ablegen und uns radikal zusammenschließen. Ich weiß, wovon ich spreche, denn ich kenne die Ressentiments Andersdenkenden gegenüber von mir selbst sehr gut. In gewisser Hinsicht bin ich Experte darin, vermeintliche moralische Verfehlungen oder verdächtiges Verhalten und Aussehen bei meinem Gegenüber aufzuspüren. Es reicht mir im Zweifelsfall, einen Menschen zukünftig konsequent zu meiden, nur weil er oder sie einmal in meiner Anwesenheit Spagetti zu weich gekocht hat. Dabei sollte es im Prinzip zweitrangig sein, wie vollkommen jemand seine Nudeln kocht. Wir sollten uns bemühen, etwas gelassener in Bezug auf solche uns trennenden Unterschiede zu werden. Dabei ist es ja nicht unwichtig, wie man Nudeln kocht, denn Nudeln haben natürlich ein Recht darauf, anständig behandelt zu werden. Wir sind heute durch die auf die Spitze getriebene Individualisierung, die Pflicht zur Selbstoptimierung und dem damit verbundenen eigenen Anspruch an jeden uns gegenüber stehendem Menschen extrem kritisch, vorschnell in unserem Urteil und oftmals überheblich und selbstgerecht. Dabei sollten wir uns und unsere eigenen Macken und Vorurteile einmal selbst genauer anschauen. Vermutlich können wir heute nur erahnen, wozu diese überspannte Abgrenzung gut sein soll. Unsere Beobachtungsgabe und Sensibilität schärft es allemal.

Lassen Sie uns unsere bunte und heterogene Gesellschaft einmal der Einfachheit halber in zwei große, unterschiedliche Gruppen einteilen, aber nicht wie gewohnt in rechts und links, sondern in Menschen, die einen eher darwinistischen Blick auf das Leben haben und die eher spirituell ausgerichteten. Der Bereich des klassischen Aktivismus besteht heute zu einem großen Anteil aus linkspolitischen und kapitalismuskritischen Menschen, die tendenziell aber eher einen evolutionären, naturwissenschaftlich geprägten Blick auf die Welt haben. Eine spirituelle Weltsicht ist in diesen Kreisen spätestens seit Corona zumindest verdächtig. Verdächtig der Nähe zu abstrusen Verschwörungsmythen, unwissenschaftlicher und womöglich sogar emotionaler, postfaktischer Argumentationsweisen, verdächtig gefährlicher Technologiefeindlichkeit und Irrationalität. Verdächtig auch, unsolidarisch zu sein, neuen rechten Bewegungen nahezustehen oder sich diesen gegenüber zumindest nicht hinreichend genug abzugrenzen. Ich möchte an dieser Stelle einmal eine Lanze für die von uns allen gern gemiedene und verleugnete Dummheit brechen. Wir verstecken sie gern in uns selbst und meiden oder verdammen sie beim Gegenüber. Und auch hier geht es immer wieder um gegenseitige und zum Teil berechtigte Abgrenzung. Nicht jede Nachbarin, die ihrer blonden Tochter gern einmal Flechtzöpfe macht, steht aber einer völkisch gesinnten Gruppierung nahe. Nicht jeder Kollege, der sich kaum mit zeitgenössischen Rassismus-Diskursen befasst und deshalb weniger gut informiert mit diesen Themen umgeht, als es einem selbst gelingt, ist gleich ein Vollidiot und Rassist. Im Zweifelsfall ist solch eine Person einfach aufgrund der eigenen Sozialisation den uns so wichtigen Themen gegenüber weniger sensibilisiert, und wir sind ebenfalls gut damit beraten, unsere eigenen Ressentiments gegenüber anderen Kulturen und Menschen immer wieder neu zu überprüfen und auch einmal spielerisch mit den eigenen Vorurteilen umzugehen. Im Prinzip sollte es zweitrangig sein, welche Weltsicht man vertritt, denn sowohl der wissenschaftlich, humanistisch geprägte Blick auf die Welt als auch die spirituelle Sichtweise kommen grob zu derselben Einschätzung: dass es schlecht um die Gesundheit unseres Planeten bestellt ist und dass wir uns als Zivilisation neu erfinden müssen. Ein wichtiges Merkmal von

Postaktivismus ist es, in Bezug auf eine zivilgesellschaftliche Bewegung, darauf hinzuweisen, dass wir uns über unterschiedliche Erfahrungen, Bildungsniveaus, konfessionelle und weltanschauliche Unterschiede hinaus zusammenschließen müssen, wenn wir den kulturellen Wandel tatsächlich wollen. Postaktivismus bricht nicht den Dialog mit andersdenkenden oder gar vermeintlich dummen Menschen ab.[81] Um es an diese Stelle ganz klar zu benennen: Wir leben heute ganz einfach nicht mehr in einer Zeit, in der man sich darauf kaprizieren kann, sich von andersdenkenden Menschen und Gruppen in gewohnter Form abzugrenzen. Unsere Zeit verzeiht diese Überheblichkeiten und Grabenkämpfe nicht mehr; sie zwingt uns in diesem Punkt zu einer übermenschlichen Anstrengung in Bezug auf unsere oft mickrige Toleranz: Wir werden in Zukunft mit Menschen zusammenarbeiten müssen, die wir noch vor kurzem für Fachidioten und Hampelmänner gehalten haben, wir werden mit Nationalisten, Populisten und Kapitalisten sprechen und zusammenarbeiten müssen. Nur so können wir den Herausforderungen der Zukunft auch nur annähernd gerecht werden. Eine riesige Chance etwas hinzuzulernen rollt auch in dieser Hinsicht erbarmungslos auf uns zu; das christliche und überaus radikale Ideal »Liebet eure Feinde« bekommt unter diesen Vorzeichen eine völlig neue Bedeutung und Dringlichkeit.

Im Jahr 1985 tauchte im öffentlichen Raum der Stadt New York der subversive Satz »Protect me from what I want« auf. Die Künstlerin Jenny Holzer hatte den Schriftzug auf dem riesigen Spectacolor-Werbescreen am Times Square installiert.[82] Ein Satz der bis heute – gelinde gesagt – in seiner Ästhetik und Stimmigkeit nichts an Aktualität eingebüßt hat, denn wir brauchen so vieles nicht, was uns an jeder Ecke angedreht werden soll und wird. Wir brauchen viel eher eine demokratisch legitimierte Verbots- und Reset-Partei, die uns von all den Verführungen befreit, die uns so tief in den Sumpf des Konsums geführt haben (nicht zu verwechseln mit den Ideen eines Klaus Schwab im Sinne eines *Great Reset*). Es ist dabei überhaupt keine Schande, es sich als Individuum und Gesellschaft einzugestehen, dass wir den enormen Verführungen und Versprechen einer bunten, glitzernden und überaus praktischen Warenwelt offenkundig nicht gewachsen sind; es ist ja nicht leicht, all diese Dinge zu durchschauen, wenn man in einer solchen nach materiellen Werten ausgerichteten Gesellschaft aufwächst. Wichtig ist es an dieser Stelle, dass wir uns gemeinsam dazu entscheiden, unsere Kultur grundsätzlich zu ändern, auf vieles zu verzichten und manches an Reichtum umzuverteilen, was heute völlig zu Unrecht in den Händen einiger weniger gelandet ist. Das schaffen wir aber nicht, wenn wir uns ständig voneinander abgrenzen. Es ist ungeheuer schwierig, Andersdenkenden gegenüber offen zu bleiben, und es ist in gewisser Hinsicht natürlich auch wichtig, sich abzugrenzen, um eine eigene Position zu entwickeln. Wenn es darum geht, eine größere gesellschaftliche Bewegung auf die Beine zu bringen, müssen aber gemeinsam vernünftige, übergeordnete Ziele definiert werden. Es ist sinnvoll, eine gemeinsame Schnittmenge, einen Minimalkonsens zu entwickeln, für den man sich begeistern und einsetzen kann, während man über unvermeidliche Unterschiede in der Sicht der Dinge im Detail großzügig hinweg sieht. Wir könnten eine Einheit in unserer Unterschiedlichkeit finden und so einen richtigen Aufruhr anzetteln, falls wir uns nur auf einige zentrale Punkte einigen könnten, für die wir gemeinsam auf die Straße oder sonst wohin gehen würden. Dieser Minimal-Konsens könnte, wenn ich ihn spontan entwerfen würde, folgendermaßen lauten:

Viele Menschen haben es noch immer nicht begriffen, dass einschneidende Veränderungen auf unsere Gesellschaft zukommen werden. Und mit »einschneidende Veränderungen« ist nicht gemeint, dass alles grob beim Alten bleibt, um diesem weitverbreiteten Missverständnis einmal vorbeugend entgegen zu wirken. Wir alle sehen die dringende Notwendigkeit, einen kulturellen, sozialen und ökologischen Wandel auf den Weg zu bringen. Dieser Wandel setzt aber nicht mehr wie bisher auf kosmetische und gesellschaftlich mehrheitsfähige Veränderungen (die weder unseren Wohlstand, noch die Arbeitslosigkeit, unsere Gemütlichkeit und Reiselust, den Ausbau von 5 oder 6G oder das ökonomische Wachstum unseres Landes negativ beeinträchtigen). Wir können keinen radikalen Wandel auf den Weg bringen und zur gleichen Zeit alles beim Alten belassen. Wir wollen einen grundsätzlichen Wandel, schnell aber nicht überstürzt, und dieser braucht wirklichen Mut zum Neuen, zum Experiment und zum strategischen Chaos.

Wir brauchen als erstes ein bedingungsloses Grundeinkommen für alle Menschen dieses Landes. Dieses Grundeinkommen ist als Existenzsicherung deshalb so wichtig, weil es den Menschen ermöglicht, aus sogenannten Bullshit-Jobs[83], prekären Beschäftigungen, Existenzängsten und schädlichen Industrien auszusteigen, die wir uns zukünftig nicht mehr leisten können und wollen. Wir brauchen eine konsequente Umverteilung von materiellem Reichtum und ein neues Erbrecht. Die Einkommen der Superreichen und unverhältnismäßig mächtigen Personen müssen wir einfrieren, besteuern, enteignen. Wir brauchen die Einführung eines völlig neuen Finanzsystems, welches auch den bargeldlosen Zahlungsverkehr kritisch reflektiert. Wir brauchen eine in weiten Teilen direkte Demokratie und die Einführung von Bürger*innen-Räten. Wir brauchen hingegen definitiv keinen weiteren Lobbyismus, der die politischen Weichen in unserem Land stellt. Wir müssen uns auf den Weg zu einer wirklichen Niedrigenergiegesellschaft machen, wir müssen dabei vor allem konsequent auf unnötig aufgewendete Energie verzichten und darauf setzen, Energie in großem Maßstab einzusparen. Wir brauchen einen sofortigen und konsequenten Ausstieg aus den fossilen Brennstoffen und aus der Atomenergie, einen Ausstieg aus ganzen industriellen Berufs- und Fertigungsstätten, die Vergesellschaftung der wichtigsten Industriezweige wie Chemie, Energie und Stahl. Auch im Kultursektor braucht es Einsparungen: große Live-Konzerte und Events, Oktoberfeste, öffentliche Fußballspiele und andere große Sportereignisse sollten bis auf weiteres ausgesetzt werden. Wir brauchen keine Flutlichter im Stadion und keine von der Musikindustrie aufgebauten Pop-Stars auf der großen Bühne: Sofortige Schließung der Elbphilharmonie und anderer energieintensiver Theater, Konzert- und Veranstaltungsräume! Die Erzeugnisse der Buch- und Zeitungsindustrie werden eingestellt. Industrielle Bauvorhaben werden ausnahmslos ausgesetzt und auf Eis gelegt. Subventionierung des öffentlichen Nahverkehrs und der Bahn. Austritt aus der Nato, sofortiger Umbau der Bundeswehr zu einer unbewaffneten Friedensarmee mit bunten Anzügen einschließlich der Verschrottung all unserer Waffen. WC-Steine in Toiletten werden verboten, ebenso Schneekanonen in Skigebieten ohne Schnee, Mikroplastik in Reinigern und anderswo, auch wenn die Chemie- und Tourismus-Industrie ein fürchterliches Geschrei anstimmen wird. (Wie konnte es überhaupt dazu kommen, dass solche Produkte je erlaubt wurden? In jedem größeren deutschen Discounter gibt es ca. 50 verschiedenen Sorten und Farben und Gerüche von WC-Steinen). Elektronische Anzeigetafeln für öffentliche Verkehrsmittel werden abgebaut und wieder durch klassische Papierpläne ersetzt. Das genetische Verändern von Lebensmitteln und Medikamenten lassen wir im Sinne des Vorsorgeprinzips zukünftig lieber sein und arbeiten dafür wie Jahrtausende zuvor mit dem, was uns unsere Mutter Erde an reichen und gesunden Früchten so freigiebig schenkt. Die Bundesregierung sollte mit gutem Beispiel vorangehen und ihre internationalen Gespräche zukünftig per Zoom führen, anstatt zu fliegen. Flugzeuge bleiben am Boden, Autos in der Garage, Kohlenstoffdioxid ist nur noch in Erfrischungsgetränken, Sekt und alkoholfreiem Bier erlaubt. Die Forschung an Raketentechnologie, Raumsonden und der vorwitzige Blick ins All wird bis auf Weiteres ausgesetzt, denn wir haben gerade Wichtigeres zu tun, als ins Weltall zu fliegen oder ihm mit riesigen Teleskopen auf überaus indiskrete Weise auf die Pelle zu rücken.

Weiterhin formuliere ich folgende ganz praktische, positive Forderungen, Wünsche und Einladungen:

Wir wünschen uns als Zivilgesellschaft die längst überfällige konsequente Subventionierung der ökologischen Landwirtschaft und die Einführung einer Gemeinwohl/Postwachstums-Ökonomie. Die verbindliche Verankerung von Tier/Pflanzen- und Mineralrechten im Grundgesetz. Die Verankerung von Rechten kommender Generationen. Das sofortige Verbot von Pestiziden, Insektiziden und chemischem Dünger. Wie wünschen uns Baumpflanzungen, die Renaturalisierung von Landschaften, die Förderung der Humusbildung[84] unserer Böden. Die systematische Forschung und Entwicklung traditioneller und ganzheitlicher Ansätze der Medizin. Die freie Nutzung öffentlicher Verkehrsmittel. Die Einführung/

Subventionierung von Kreislaufwirtschaft in allen Industriezweigen nach dem Cradle-to-Cradle-Prinzip. Viel Geld für die ganzheitliche Bildung unsere Kinder. Mehr Geld für Kunst & Kultur, Pflege- und Hospizarbeit. Genügend erschwinglichen Wohnraum für alle.

Von Joseph Beuys stammt der Satz »Work only when you feel: your work starts revolution.« Wenn man sich auf solche oder ähnlich radikale Einschnitte wie oben genannt innerhalb der kulturell progressiven, zivilgesellschaftlichen Gruppen einigen könnte, würde einem großen Zusammenschluss nicht mehr sehr viel im Wege stehen. Ein Zusammenschluss könnte dabei zuerst die etablierten NGOs und Bürgerinitiativen unterschiedlicher Couleur umfassen. Eine zwischenstaatliche Organisation wie die Vereinten Nationen hätten solch einen Zusammenschluss längst auf den Weg bringen müssen, die UN ist mit ihren Nachhaltigkeitszielen, mit der Charta der Grundrechte und all den humanitären und ökologischen Zielen per definitionem prädestiniert für solch eine Aufgabe. Es gibt bereits seit 1972 das Umweltprogramm der Vereinten Nationen UNEP (United Nations Environment Programme). Eine eigene Weltumweltorganisation gibt es bisher aber nur als Idee innerhalb einer Reform der UN; sie ist unter unterschiedlichen Bezeichnungen als UNEO (United Nations Environment Organisation), WEO (World Environment Organisation) oder UNEPO (United Nations Environmental Protection Organisation) seit Langem in Planung.

Auch die kirchlichen Gruppen unterschiedlicher Konfessionen, spirituelle Vereinigungen, Freimaurerlogen und Wohltätigkeitsclubs verpassen eine riesige Chance, wenn sie sich dem kulturellen Wandel im Sinne der Bewahrung der Natur nicht nachdrücklicher und praktischer annehmen. Es ist ein urchristliches Thema, unser gemeinsames Haus im Sinne des Klima- und Umweltschutzes zu bewahren, wie es in der Enzyklika *Laudato si'* von Papst Franziskus 2015 so überaus treffend formuliert wurde. Es ist absolut unverständlich und beschämend, dass all diese großen Organisationen nicht dazu in der Lage sind, unkonventionelle Schritte und vor allem praktische Lösungsvorschläge zu diesen enormen ökologischen und sozialen Fragen zu erarbeiten. Auch die vielen Museen und Kultureinrichtungen, Universitäten, Schulen und schließlich sogar die Gewerkschaften haben die Aufgabe, sich solch dringlichen Zeitfragen umfassend zu widmen, denn die Frage nach unseren ökologischen Lebensgrundlagen umfasst alle Bereiche des menschlichen Zusammenlebens. Auch an diesen Orten der Gesellschaft sollte ein Debatten- und Handlungsraum dringend weiter im Sinne einer großen, zivilgesellschaftlichen Bewegung geöffnet werden. Dazu müssen wir uns aber zuerst die Hände reichen und gemeinsam auf das große gemeinsame Ziel statt auf das Trennende unserer Sichtweisen schauen. Wir sollten endlich diese schwere, aber bewältigbare Arbeit aufnehmen. Die Corona-Krise hat es uns sehr plastisch vor Augen geführt, wie schnell und wie radikal wir unser Verhalten weltweit verändern können. Ich sehe die Schlagzeile und den Leitartikel der BILD-Zeitung bereits klar und deutlich vor meinem geistigen Auge:

Deutschland macht mobil gegen den Klimawandel
HYSTERIE ODER HORROR?

Berlin. Endlich! Die Bundesregierung strukturiert die Lebens- und Arbeitswelt um: Nun werden massive Vorkehrungen getroffen gegen eine kollabierende Natur:

Als erstes europäisches Land hat sich Deutschland zu radikalen Einschnitten in der Kultur des Zusammenlebens entschlossen. Auf Druck der Öffentlichkeit, verschiedener zivilgesellschaftlicher Initiativen, kirchlicher Gruppen, Gewerkschaften und NGOs gelten ab Beginn des kommenden Jahres einschneidende Regulierungen in der industriellen Fertigung, im Bildungsbereich und in der Mobilität. Der gesamte Bereich des Arbeitens und Konsumierens ist betroffen und gefordert. Dazu die Bundestagspräsidentin Gabriele

Yilmaz (Grünes Bündnis): »Der in seinem Umfang als beispielloser Paradigmenwechsel beschriebene soziale und ökologische Prozess der Veränderungen ist in der Geschichte der Bundesrepublik einmalig.« Durch den nationalen Alleingang Deutschlands wurden zwar bereits viele internationale Geschäftsbeziehungen abgebrochen, aber gleichzeitig neue Allianzen gebildet. Und das ist noch nicht alles: Weitere einschneidende Maßnahmen sollen umgehend in Kraft treten! Der internationale und innerdeutsche Flugverkehr wird bis auf weiteres ausgesetzt, auch der motorisierte Individualverkehr wird bis auf wenige Ausnahmen im Notfall- und Versorgungsbereich vorerst auf null gesetzt. Null heißt aber auch null Emission! Autos bleiben also bis auf weiteres in der Garage, Flugzeuge am Boden.

Mit der Grundgesetz-Reform wurde auch der Tierrechte-Katalog erweitert. Wegen der beschlossenen Einschränkung zum Verzehr von Fleischprodukten kam es in mehreren deutschen Städten zu kleinere Demonstrationen, zu denen die Fleischindustrie aufgerufen hatte. Im Zuge der Proteste klebten sich einige Aktivisten an mobilen Currywurstbuden fest. Die striktesten Einschränkungen betreffen allerdings den Sektor der Schwerindustrie: Betriebe der Petrochemie, Rüstungs- und Stahlkonzerne, Luft- und Raumfahrtinstitute (inlusive ihrer angeschlossenen Forschungsabteilungen) werden vorerst vollständig stillgelegt.

Die bereits seit Oktober angestiegene Arbeitslosenzahl wird durch das flächendeckend eingeführte Bedingungslose Grundeinkommen abgefangen. Finanziell und sozial schlechter gestellte Bevölkerungsgruppen profitieren somit grundsätzlich von den einschneidenden strukturellen Veränderungen. Zukunftsforschende gehen davon aus, das andere europäische Länder dem Paket der Bundesregierung, das im Sinne der Klimapolitik und des Vorsorgeprinzips beschlossen wurde, folgen werden. Das mediale Interesse an dem Maßnahmenpaket ist international überaus groß. Umweltministerin Fayola Müller spricht von einem längst überfälligen Systemwechsel: »Dies ist eine zivilisatorische Kehrtwende mit globaler Strahlkraft.«

Sich in der Umstrukturierung befindliche Länder wie Norwegen, Schweden und Finnland hatten sich bereits im Vorfeld mit Deutschland als CSN (Confederation of Sustainable Nations/Staatenbund nachhaltiger Nationen) zusammengeschlossen. Es bleibt abzuwarten, ob diesem Beispiel weitere Nationen folgen werden. Trendforscher und Wissenschaftlerinnen prognostizieren einen enormen Innovations- und Investitionsschub durch die Maßnahmen gegen den Klimawandel: Der konsequente Rückbau der ressourcenverschwendenden Energie-, Chemie-, Stahl- und Mobilitätsindustrie bei gleichzeitigem Ausbau des Bildungswesens, der Kulturbereiche und der ökologischen Landwirtschaft habe positive Auswirkungen, die sich unmittelbar auf die betroffenen Länder und ihre Bevölkerung auswirken werde.

Das befürchtete Chaos ist in Deutschland weitgehend ausgeblieben. Die Umstrukturierungen gehen stetig voran. Die Überwindung eines an seine Grenzen geratenen Wirtschaftssystems verläuft friedlich und wird vom größten Teil der Bevölkerung erstaunlich gelassen getragen.

Wir treten also gemeinsam ein in eine neue Welt und in ein neues Wir. Es spielt dabei letztlich gar keine Rolle, ob wir mit unseren Zielen in einem messbaren Sinne Erfolg haben werden. Es geht darum, wirklich etwas zu wagen und gemeinsam das Richtige zu tun; wir sind ohne Einschränkung die Hüterinnen und Hüter der Erde bis zum letzten, lebendigen Wesen.

Endnoten

1 Donna Haraway gilt neben Rosi Braidotti, Karen Barad und Jane Bennett zu der interdisziplinären und heterogenen theoretischen Strömung des Neuen Materialismus (*New Materialism*), die sich mit den Beziehungen der Menschen zur Natur und Technik befasst. Der Begriff *Neuer Materialismus* wurde in den 1990er Jahren in Hinblick auf die ökologische Krise und den rasanten technologischen Fortschritt geprägt. Der Neue Materialismus speist sich u. a. aus poststrukturalistischen und posthumanistischen Theorieimpulsen, die durch die feministischen Rezeptionen in den Diskurs eingebracht wurden. Andere Impulse kamen aus der feministischen Wissenschaftstheorie.

2 Donna J. Haraway: Unruhig bleiben: Die Verwandtschaft der Arten im Chthuluzän. Frankfurt, 2018. (Original Staying with the Trouble: Making Kin in the Chthulucene, s. Kapitel 2: Tentacular Thinking: Anthropocene, Capitalocene, Chthulucene), Durham, 2016.

3 *Chthonische* Götter oder *Chthonioi* (deutsch ›der Erde zugehörig‹) sind in der griechischen Mythologie sowohl alle die Unterwelt repräsentierenden, todbringenden Götter als auch jene, die Leben und Fruchtbarkeit spenden. Nicht zu verwechseln mit dem »Cthulhu«-Mythos von H.P. Lovecraft. Bei der Wortschöpfung des *Chthulucene* geht es Haraway um einen Ersatz und eine Kritik an der Begrifflichkeit des Anthropozäns und des Kapitalozäns. Beide Begriffe heben sehr stark auf den Menschen als Gestalter von Wirklichkeit ab; Haraway entwirft eine alternative Sichtweise, um dieser verkürzten Sicht etwas entgegen zu stellen. Das Chthulucene beschreibt eine Welt, die über die des Menschen als alleinigen Gestalter dieser Welt hinaus geht. Eine Welt des nicht bloß menschlichen, einer Mehr-als-menschlichen-Welt, des Lebens in und unter der Erde, einer Welt des Menschen als Humus. Es geht um Gleichberechtigung, um die Vielfalt des Lebendigen einschließlich der unbelebten Materie, es geht um Kritik an der vorherrschenden anthropozentrischen Sichtweise.

4 Der Begriff einer Mehr-als-menschlichen (the more-than-human world) oder einer übermenschlichen Welt wurde in der Mitte der 1990er Jahre vom US-amerikanischen Kulturökologen, Philosophen und Autor David Abram geprägt. Er wurde von zahlreichen Wissenschaftlern und Aktivisten übernommen

und ist zu einem Schlüsselbegriff der ökologischen Bewegung geworden. Ihm liegt eine animistische Sichtweise auf die Natur zugrunde, die unter anderem von indigenen Kosmologien und der von James Lovelock beschriebenen *Gaia-Hypothese* geprägt ist. Siehe auch: James Lovelock: Das Gaia-Prinzip. Die Biographie unseres Planeten Zürich/München, 1991.

5 Die Idee eines kritischen Posthumanismus geht unter anderem davon aus, dass es nicht möglich ist, den Menschen von allen anderen Lebewesen und Nichtlebewesen der verschiedenen Naturreiche getrennt zu betrachten, denn diese Systeme bedingen einander. Es geht darum, die Vorstellung einer Sonderstellung des Menschen – im Sinne eines alle anderen Lebewesen überlegenen und dominierenden Wesens – zu überwinden.

6 Báyò Akómoláfé: What Climate Collapse Asks of Us. 2019. www.emergencenetwork.org/whatclimatecollapseasksofus/ (letzter Zugriff: 11.01.2023) Darin stellt er den Klimawandel in einen messianischen Zusammenhang, den er über die philosophische Lektüre Walter Benjamins beziehungsweise Karen Barads herleitet.

7 Interessant ist in diesem Zusammenhang eine Aussage des französischen Soziologen und Philosophen Bruno Latour. Er weist in einem Gespräch mit dem Soziologen Hartmut Rosa über die Folgen der Corona-Krise darauf hin, dass er den Virus willkommen heißt und dass er die Pandemie als eine Art Generalprobe der Entschleunigung unserer völlig irrationalen Moderne versteht, wenn es darum geht, unsere Kultur zu verändern. (www.youtube.com/watch?v=F1qY7JI6tBw; letzter Zugriff: 07.03.2023)

8 Gleichzeitig leben wir seit den 1940er Jahren in einem Zeitalter der Bedrohung durch atomare Waffen und auch diesbezüglich in einer Zeit, die sich extrem von vergangenen Epochen unterscheidet.

9 Eine der mit Abstand schönsten und lustigsten dystopischen Erzählungen ist das 1938 erschienene Kinderbuch »Die grüne Wolke« (orig. The Last Man Alive) von A. S. Neill.

10 Die Kollapsologie (fr. »collapsologie«) erforscht unterschiedliche zum Teil globale Krisen wie beispielsweise die des Klimawandels, des Artensterbens, Finanz- und Wirtschaftskrisen, aber auch Hungersnöte oder Atomunfälle in deren komplexen Zusammenwirkungen. Die Kollapsologie geht davon aus, dass sich diese Krisen gegenseitig bedingen und zu einem globalen Kollaps unserer grundlegenden zivilisatorischen Strukturen führen werden. Verwandte Sichtweisen findet man in Kreisen der *Doomer* oder der *Post-Doom-Szene*.

11 Meadows u. a.: Die Grenzen des Wachstums: Bericht des Club of Rome zur Lage der Menschheit 1972. Übersetzung von Hans-Dieter Heck. Stuttgart, 1987.

12 Reinhard Kaiser (Hg.): Global 2000. Der Bericht an den Präsidenten. Frankfurt am Main, 1980.

13 Charles Eisenstein: Die schönere Welt, die unser Herz kennt, ist möglich. Berlin, München, 2014, S. 327.

14 Albert Einstein in einem Kondolenzbrief an den New Yorker Rabbiner Norman Salit, vom 4. März 1950. Einstein schrieb den Brief an Salit, der ihn um einige tröstende Worte bat, um den Schmerz seiner älteren Tochter nach dem unerklärlichen und plötzlichen Tod ihrer kleinen Schwester zu lindern.

15 Jem Bendell: Deep Adaptation: A Map for Navigating Climate Tragedy, 2018. www.lifeworth.com/deepadaptation.pdf. Deutsche Fassung unter: https://lifeworth.com/DeepAdaptation-de.pdf (letzter Zugriff: 14.01.2023)

16 Albert Einstein: Mein Weltbild. Hrsg. von Carl Seelig. Zürich, Wien, 1953, S. 10.

17 Báyò Akómoláfés prägte in diesem Zusammenhang den schönen Satz »Was, wenn die Art wie wir auf die Krise reagieren, Teil der Krise ist?« (What if the way we respond to the crisis is part of the crisis?).

18 Goethe wäre nicht Goethe, wenn er sich nicht auch zu diesem Thema auf geistreiche Weise geäußert hätte: »Das mächtigste Hirngespinst ist die öffentliche Meinung: Niemand weiß genau, wer sie macht, niemand hat sie je persönlich kennengelernt, aber alle lassen sich von ihr tyrannisieren.«

19 Die spirituelle Ausrichtung von Greenpeace während ihrer Gründungsphase kommt in der Dokumentation *Wie alles begann* (orig. *How to Change the World. The Revolution Will Not Be Organized;* Regie: Jerry Rothwell, GB, 2015) immer wieder klar zum Ausdruck. Auf jeden Mechaniker der jungen Umweltorganisation kam damals offenbar ein Mystiker.

20 Bruno Latour: Das terrestrische Manifest. Berlin, 2018, S. 79. Latour ist für seine Arbeit an der Akteur-Netzwerk-Theorie bekannt. Weiterhin zu empfehlen ist im Zusammenhang mit der ökologischen Krise sein letztes Buch, das sich wie ein Manifest lesende Memorandum »Zur Entstehung einer ökologischen Klasse«. Latour hat auch verschiedene Essays zur Theorie der Gaia-Hypothese publiziert.

21 Future Thinkers: Nora Bateson – live Q&A, www.youtube.com/watch?v=c4zL4bqXOXA (letzter Zugriff: 07.03.2023)

22 aus: William Blake, The Grey Monk (1803)

23 Jem Bendell: Deep Adaptation. 2018.

24 Dabei wird von der Möglichkeit ausgegangen, dass es im Fall von gesellschaftlichem Chaos und dadurch bedingtem Versorgungsengpass zu Zusammenbrüchen unserer Infrastrukturen kommt. So könnte in einigen Atomkraftwerken keine Kühlung/Notkühlung der Brennstäbe im Reaktorkern gewährleistet werden, womit es zur Kernschmelze käme. Bei weltweit über 400 betriebenen Atomkraftwerken würden wir unweigerlich in die atomare Katastrophe katapultiert.

25 Jem Bendell, a. a. O., S. 23

26 Jem Bendell, a. a. O., S. 23

27 Jem Bendell, a. a. O., S. 23

28 Jem Bendell, a. a. O., S. 23

29 Im Original auf: The Ecology of Perception. An Interview with David Abram, https://emergencemagazine.org/interview/the-ecology-of-perception/ (letzter Zugriff: 15.01.2023)

30 David Abram, a. a. O.

31 Siehe: Deep Adaptation Forum Q&A with Charles Eisenstein hosted by Jem Bendell, https://www.youtube.com/watch?v=SRYEHOStmss (letzter Zugriff: 14.01.2023)

32 *Generation Alpha* bezeichnet die zwischen 2010 und ca. 2025 Geborenen.

33 Siehe: https://www.culturehack.io/ (letzter Zugriff: 14.01.2023)

34 Im Original auf: The Correspondent: https://thecorrespondent.com/594/the-lungs-of-the-earth-are-really-its-heart-an-indigenous-cure-to-save-the-amazon, 2020 (letzter Zugriff: 14.01.2023)

35 Regie: Adam McKay, USA, 2021.

36 Henry David Thoreau: Über die Pflicht zum Ungehorsam gegen den Staat und andere Essays. Zürich, 1973, Erstveröffentlichung 1849.

37 Jürgen Habermas: Ziviler Ungehorsam – Testfall für den demokratischen Rechtsstaat. In: Peter Glotz (Hrsg.): Ziviler Ungehorsam im Rechtsstaat. Frankfurt/M., 1983, S. 35.

38 Paulus, Römer 13. Vers 1–2 (Lutherbibel). Dort heißt es weiter: »Denn die Gewalt haben, muss man nicht fürchten wegen guter, sondern wegen böser Werke. Willst du dich aber nicht fürchten vor der Obrigkeit, so tue Gutes, dann wirst du Lob von ihr erhalten. Denn sie ist Gottes Dienerin, dir zugut. Tust du aber Böses, so fürchte dich; denn sie trägt das Schwert nicht umsonst. Sie ist Gottes Dienerin und vollzieht die Strafe an dem, der Böses tut. Darum ist es notwendig, sich unterzuordnen, nicht allein um der Strafe, sondern auch um des Gewissens willen. Deshalb zahlt ihr ja auch Steuer; denn sie sind Gottes Diener, auf diesen Dienst beständig bedacht. So gebt nun jedem, was ihr schuldig seid: Steuer, dem die Steuer gebührt; Zoll, dem der Zoll gebührt; Furcht, dem die Furcht gebührt; Ehre, dem die Ehre gebührt.«

39 »A Plea for Captain John Brown«. Dieser Essay beruht auf einer Rede von Thoreau, die er am 30. Oktober 1859 in Concord, Massachusetts gehalten hatte. Es lohnt sich, diese überaus radikale Rede als Ergänzung zum Zivilen Ungehorsam zu lesen. In: Henry David Thoreau: Leben ohne Grundsätze. Ausgewählte Essays. Leipzig/Weimar, 1986. (Englisches Original verfügbar unter https://en.wikisource.org/wiki/Yankee_in_Canada_(1866)/A_Plea_for_Captain_John_Brown; letzter Zugriff: 07.03.2023)

40 Im genauen Wortlaut sagte Hannah Arendt 1964 in einem Gespräch mit Joachim Fest in Bezug auf den Eichmann-Prozess: »Kants ganze Moral läuft doch darauf hinaus, dass jeder Mensch bei jeder Handlung sich selbst überlegen muss, ob die Maxime seines Handelns zum allgemeinen Gesetz werden kann.

[…] Es ist ja gerade sozusagen das extrem Umgekehrte des Gehorsams. Jeder ist Gesetzgeber. Kein Mensch hat das Recht zu gehorchen bei Kant.«

41 Leon Igel: Womit keiner rechnet. Klimaaktivisten verunstalten Kunstwerke und nehmen Millionenschäden in Kauf. Die Versicherer bleiben jedoch entspannt. Was steckt dahinter?, In: Die Zeit Nr. 45, 03.11.2022.

42 Derrick Jensen ist Mitbegründer der als radikal geltenden Umweltbewegung *Deep Green Resistance*, die zum Teil für ihre Befürwortung von Sabotage und Vandalismus bzw. Gewalt gegen Dinge in der Kritik steht. *Deep Green Resistance* wird darüber hinaus mit der spirituell ausgerichteten Naturphilosophie der *Tiefenökologie* in Verbindung gebracht. Beide Anschauungen werden zum Teil für ihre umstrittene Grundhaltung zu Fragen der Kontrolle des Bevölkerungswachstums kritisiert.

43 Derrick Jensen: Das Öko-Manifest. Wie nur 50 Menschen das System zu Fall bringen und die Welt retten können. München, 2009.

44 Andreas Malm: Wie man eine Pipeline in die Luft jagt, Berlin, 2022, S. 58

45 Zitiert nach Andreas Malm, s. o.

46 Andreas Malm: a. a. O., S. 50

47 Zitiert nach Andreas Malm, s. o.

48 Der Film löste in den 1990er Jahren eine Kontroverse zum Thema Gewalt und deren medialer Darstellung aus. Es wurden damals verschiedene Gerichtsprozesse gegen den Regisseur und die Time-Warner-Filmgesellschaft geführt, da der Film in seiner Ästhetisierung von Gewalt Menschen offenbar zu Gewalttaten inspirierte. (Natural Born Killers, Regie: Oliver Stone, Buch: Quentin Tarantino, USA 1994)

49 Aus dem Englischen »to be prepared«: bereit, vorbereitet sein. Prepper sind Menschen, die sich auf eventuell eintretende Krisen und Katastrophen vorbereiten. Prepper legen Nahrungsmittelvorräte und sonstige zum Überleben wichtige Vorräte an. Manche von ihnen bauen Schutzräume, andere bewaffnen sich, um sich im gesellschaftlichen Ausnahmefall verteidigen zu können.

50 Matthäus 6, Vers 25/26. Dass der Mensch laut Matthäus 6 einen höheren Stellenwert hat als die Vögel, dürfte heute immer mehr eine umstrittene These sein, denn diese anthropozentrische Weltsicht gerät immer mehr in Bedrängnis. Philosophische und sozialwissenschaftliche Konzepte wie die *Akteur-Netzwerk-Theorie* oder die *Object-oriented Ontology*, aber auch die philosophische Strömung des *Neuen Materialismus/New Materialism* eröffnen hier neue Sichtweisen auf das, was Dinge oder auch was Natur im tieferen Sinne sein könnte.

51 Leo Lionni: Frederick. Köln, 1967.

52 »Die Liebe und die Arbeit sind die beiden einzigen wahren Dinge in unserem Leben. Sie gehören zusammen, sonst ist es schief. Die Arbeit ist selbst eine Form der Liebe.« Marilyn Monroe, 1960.

53 Rainer Maria Rilke: Die Aufzeichnungen des Malte Laurids Brigge. Stuttgart, 1997, S. 11, 14–20, Erstveröffentlichung 1910.

54 »Wenn ich nach Hause denke, wo nun niemand mehr ist, dann glaube ich, das muss früher anders gewesen sein. Früher wußte man (oder vielleicht man ahnte es), daß man den Tod *in* sich hatte wie die Frucht den Kern. Die Kinder hatten einen kleinen in sich und die Erwachsenen einen großen. Die Frauen hatten ihn im Schoß und die Männer in der Brust. Den *hatte* man, und das gab einem eine eigentümliche Würde und einen stillen Stolz«. (Rainer Maria Rilke: a. a. O., S. 12, 10–17)

55 Antoine de Saint-Exupéry: Der kleine Prinz. Düsseldorf, 1998, Kapitel 21, S. 69. Erstveröffentlichung 1943 in New York, dann 1946 bei Editions Gallimard Paris. Laut Wikipedia wurde das Buch weltweit in 505 verschiedene Sprachen und Dialekte übersetzt und ist damit nach der Bibel sowie dem Koran das in die meisten Sprachen und Dialekte übersetzte literarische Werk.

56 Bäume gehören zu den effektivsten CO_2-Speichern. Siehe in diesem Zusammenhang auch die in Hinblick auf den Klimawandel prophetisch anmutende Kunstaktion *7000 Eichen/Stadtverwaldung statt Stadtverwaltung* von Joseph Beuys, Documenta 1982–1987.

57 Die dreibändige Sammlung der Essays verfasste Michel de Montaigne zwischen 1572 und 1592. Das angeführte Zitat stammt aus dem Kapitel »Philosophieren heißt sterben lernen« der deutschen Ausgabe des Manesse Verlags von 1953, S. 128/129. Dieses Kapitel insgesamt zu lesen, ist empfehlenswert, wenn man sich mit dem Thema etwas eingehender beschäftigen will.

58 Die Revolution sind wir! – Ein Gespräch über Joseph Beuys mit Gerald Häfner und Johannes Stüttgen. Interview/Podcast unter https://socialnew.goetheanum.org/de/2242–2/ (letzter Zugriff: 23.02.2023)

59 Die Revolution sind wir! (50:00–51:52 min.)

60 Die Revolution sind wir! (1:06:00–1:07:30 min.)

61 Der Mystiker Angelus Silesius drückte dies in dem berühmten Zitat aus: »Wer nicht stirbt, bevor er stirbt, der verdirbt, wenn er stirbt.«

62 Die Revolution sind wir! (55:33 min.)

63 Die Vorstellung einer Dreigliederung des Sozialen Organismus geht auf den Anthroposophen Rudolf Steiner zurück. Sie sieht die Gliederung der drei großen gesellschaftlichen Felder des Bildungswesens, des Rechts- und Wirtschaftslebens in autonome und selbst verwaltete Sektionen vor, die vorerst separat aber durchaus untereinander verbunden und durchlässig sind. Diesen drei Bereichen werden jeweils die Ideale der Französischen Revolution zugeordnet, also Freiheit im Bildungswesen, Gleichheit im Bereich des Rechtslebens und Geschwisterlichkeit im Bereich der Ökonomie.

64 Die Revolution sind wir! (1:17:30–1:18:25 min.)

65 Zitiert nach: Raupe und Schmetterling. Auszüge aus dem Buch »Zukunft entsteht aus Krise« Geseko von Lüpke im Interview mit Nicanor Perlas. https://wirundjetzt.org/inspirationen-geschichten/die-geschichte-von-der-raupe-und-vom-schmetterling/ (letzter Zugriff: 23.02.2023)

66 »In der Macht der Dunkelheit, liegt eine Spur von Dämlichkeit.«: aus der Horrorkomödie *Beetlejuice* (Regie: Tim Burton, USA, 1988)

67 Die offenbar etwas provokante Aussage, dass wir genug Zeit haben, trifft immer wieder auf Kritik. Es gibt in der fernöstlichen Tradition die Konfuzius zugeschriebene und auf den ersten Blick paradox erscheinende Aussage »Wenn du schnell an ein Ziel gelangen willst, musst du langsam gehen.« Báyò Akómoláfé verweist immer wieder gern auf den Satz der Yoruba »The times are urgent, let´s slow down«, der in eine ganz ähnliche Richtung weist.

68 Es gibt innerhalb der Klimabewegung nicht nur die Earth-Strike-, sondern auch die Birth-Strike-Bewegung, deren Anhängerinnen sich weigern, in einer Welt der ökologischen Krise Kinder zu bekommen. Kindern werde keine lebenswerte Zukunft prognostiziert und selbst sind sie ebenfalls CO2- und ressourcenintensiv, so die Argumentationslinien dieser Bewegung.

69 https://www.naascommunity.org/

70 https://www.emergencenetwork.org/

71 https://course.bayoakomolafe.net/

72 https://theyesmen.org

73 https://politicalbeauty.de/

74 https://www.culturehack.io/

75 Bye Bye Plastik, Civil Integrity, September 2018, https://civilintegrity.org/rueckblick/

76 Der World Cleanup Day (zu deutsch »Weltaufräumtag«) fand am 18. September 2018 zum ersten Mal statt. Seither organisiert die Stiftung Let´s Do It diesen Aktionstag einmal jährlich am 3. Samstag im September mit hunderten von Kommunen und tausenden von Teilnehmer*innen, um als gemeinsames Event den Plastikmüll auf den Straßen der Welt einzusammeln. Eigentlich ein ehrenwertes Ziel, welches leider nicht viel daran ändert, dass derselbe Müll am kommenden Tag wieder in der Natur zu finden ist. Sisyphos wäre begeistert.

77 Bruno Latour, Nikolaj Schulz: Zur Entstehung einer ökologischen Klasse – Ein Memorandum. Berlin, 2022.

78 Stéphane Hessel: Engagiert Euch! Berlin, 2011. S. 35

79 *Gespräche mit Bruno Latour, Das terrestrische Manifest* (Regie: Camille De Chenay und Nicolas Truong, Frankreich, 2021)

80 Die Harvard-Politologin Erica Chenoweth prägte die Theorie der 3,5 %-Regel, welche besagt, dass eine gesellschaftliche Minderheit von bereits 3,5 % der Bevölkerung entscheidende kulturelle Veränderungen initiieren kann. Die Theorie der Kritischen Masse geht von etwa 10 % aus, die einen kulturellen Wandel einleiten könnten. Auch die Ideen der Schwarmintelligenz oder der sozialen Tipping-Points/Kipppunkte sind in diesem Zusammenhang interessant.

81 Joseph Beuys im Frühstücksgespräch von 1985: »Die Leute sind gar nicht so dumm, glaub mal ja nicht, dass es irgendwelche dummen Leute gibt. Oder

wenn es überhaupt Dummheit gibt, dann ist die Dummheit viel intelligenter als die Schlauheit.« https://www.youtube.com/watch?v=sQsdNN5IHO8 (letzter Zugriff: 22.01.2023). Von Beuys stammen auch so schöne Sätze wie »Mit dummen Fragen fängt jede Revolution an« oder »Ich bin auf der Suche nach dem Dümmsten«.

82 https://www.tate.org.uk/art/artists/jenny-holzer-1307/5-ways-jenny-holzer-brought-art-streets (letzter Zugriff: 02.02.2023)

83 David Graeber: Bullshit Jobs. Vom wahren Sinn der Arbeit. Stuttgart, 2019.

84 Intakte Böden können mehr CO_2 binden als die Atmosphäre und die Pflanzen zusammen. Die Zerstörung der Böden nimmt immer mehr zu, so dass wir, wenn es so weiter geht, rein rechnerisch in den nächsten 60 Jahren unsere Böden weltweit vollkommen zerstört hätten. Sie werden durch den Einsatz von Pestiziden, künstlichem Dünger und Insektiziden zu Wüsten, in denen keine Mikroorganismen mehr leben können. Die Regeneration unserer Böden ist also also eine der wichtigsten Maßnahmen, die uns helfen, der ökologischen Krise etwas entgegen zu setzen. Der Dokumentarfilm *Kiss the Ground* (Regie: Joshua Tickell und Rebecca Harrell Tickell, USA, 2020) erklärt diese Zusammenhänge sehr eindringlich und anschaulich.

Literaturverzeichnis

Akómoláfé, Báyò: What Climate Collapse Asks of Us. 2019. www.emergencenetwork.org/whatclimatecollapseasksofus/

Bendell, Jem: Deep Adaptation: A Map for Navigating Climate Tragedy, 2018. www.lifeworth.com/deepadaptation.pdf

Einstein, Albert; Carl Seelig (Hg.): Mein Weltbild. Zürich, Wien, 1953.

Eisenstein, Charles: Die schönere Welt, die unser Herz kennt, ist möglich. Berlin, München, 2014.

Gorey, Edward und Florence Parry Heide: Schorschi schrumpft. Zürich, 2008 [1976].

Graeber, David: Bullshit Jobs. Vom wahren Sinn der Arbeit. Stuttgart, 2019.

Habermas, Jürgen: Ziviler Ungehorsam – Testfall für den demokratischen Rechtsstaat. In: Peter Glotz (Hrsg.): Ziviler Ungehorsam im Rechtsstaat. Frankfurt/M., 1983.

Haraway, Donna J.: Unruhig bleiben: Die Verwandtschaft der Arten im Chthuluzän. Frankfurt, 2018.

Hessel, Stéphane: Engagiert Euch! Berlin, 2011.

Igel, Leon: Womit keiner rechnet. Klimaaktivisten verunstalten Kunstwerke und nehmen Millionenschäden in Kauf. Die Versicherer bleiben jedoch entspannt. Was steckt dahinter?, Die Zeit Nr. 45, 03.11.2022.

Jensen, Derrick: Das Öko-Manifest. Wie nur 50 Menschen das System zu Fall bringen und die Welt retten können. München, 2009.

Kaiser, Reinhard (Hg.): Global 2000. Der Bericht an den Präsidenten. Frankfurt am Main, 1980.

Latour, Bruno: Das terrestrische Manifest. Berlin, 2018.

Latour, Bruno und Nikolaj Schulz: Zur Entstehung einer ökologischen Klasse – Ein Memorandum. Berlin, 2022.

Lionni, Leo: Frederick. Köln,1967.

Malm, Andreas: Wie man eine Pipeline in die Luft jagt, Berlin, 2022.

Meadows, Dennis L. u. a.: Die Grenzen des Wachstums: Bericht des Club of Rome zur Lage der Menschheit 1972. Stuttgart, 1987.

de Montaigne, Michel: Essais. Zürich, 1985 [1580-1588].

Rilke, Rainer Maria: Die Aufzeichnungen des Malte Laurids Brigge. Stuttgart, 1997 [1910].

de Saint-Exupéry, Antoine: Der kleine Prinz. Düsseldorf, 1998 [1943].

Thoreau, Henry David: Leben ohne Grundsätze. Ausgewählte Essays. Leipzig/Weimar, 1986.

Thoreau, Henry David: Über die Pflicht zum Ungehorsam gegen den Staat und andere Essays. Zürich, 1973 [1849].

Jörg Bergstedt
Provoziert!
Die Bedeutung provokanter
Aktionen für den politischen Protest
154 Seiten, 14,5 x 20,5 cm
ISBN 978-3-96317-347-9 (Print)
ISBN 978-3-96317-904-4 (ePDF)

Jörg Bergstedt
Provoziert!
Die Bedeutung provokanter Aktionen für den politischen Protest

Die »Letzte Generation« löst Beifallsstürme und Spendenfluten aus. Gleichzeitig provoziert sie Selbstjustiz auf blockierten Kreuzungen, drastische Urteile strafwütiger Gerichte und Hetztiraden bis zum Terrorismusvorwurf. Der langjährige Umweltaktivist und engagierte Unterstützer provokanter Aktionen Jörg Bergstedt zeigt in seiner ebenso hellsichtigen wie lustvoll Partei ergreifenden »Analyse goes Streitschrift« die existenzielle Bedeutung spektakulärer Aktionen für einen positiven gesellschaftlichen Wandel auf.
Er verfolgt die historischen Linien solchen Protests bis zurück in die Anfänge unserer Zeitrechnung und liefert einen Abriss der spannendsten provokanten Aktionen der letzten Jahrzehnte. In diesem Zusammenhang beleuchtet er auch die konstante Bedrohung dieser Protestformen durch Stillstand und Ritualisierung und die ambivalente Rolle von Nichtregierungsorganisationen. So vermittelt Bergstedt nicht zuletzt auch das: ein pointiertes Verständnis von provokanten Aktionen als unzureichend anerkannter Kunstform und einem Gestaltungsmittel mit massiver politischer Schlagkraft. Ein unverhohlener Aufruf.
Mit zahlreichen Abbildungen in Farbe.

BÜCHNER